現代経営学講義

今光俊介・髙木直人　編著

五絃舎

はじめに

　このテキストは経営学をはじめて学ぼうとする学生や社会人を対象に作成致しました。特に、「経営学に関心をもってもらうにはどのようにすればよいのか」「経営学を学ぶことではじめて実感できる素晴らしさを理解してもらうにはどうすればいいのか」などを念頭に置きながら、できる限り読みやすいテキストとなるように努めました。

　このテキストでは、経営学の研究対象を企業としています。企業は利益を上げるために行う企業活動に必要不可欠な経営資源（ヒト、モノ、カネ、情報）が、いかに効率的かつ有効に活用されているのかを分かりやすく描写するように配慮しました。はじめて経営学を学ばれる方を対象にしておりますが、平易になりすぎることのないように一定水準以上の内容を確保することで各分野に詳しい方も読み応えがあるように致しました。

　経営学に関心をもって頂くことが本テキストのテーマです。「第 1 章　経営学の登場」と「第 2 章　経営学の発展」で、その歴史と発展過程を概観し、続く「第 3 章　経営理念」「第 4 章　コーポレート・ガバナンス」「第 5 章　経営組織」「第 6 章　経営戦略」「第 7 章　マーケティング戦略」「第 8 章　ブランド戦略」「第 9 章　マーケティング管理」「第 10 章　生産管理」「第 11 章　研究開発管理」「第 12 章　人事労務管理」「第 13 章　財務管理」で各論を詳説構成しております。

　語句の統一が不十分なことを含め、行き届かない点も多々ありますが更なる

改定を重ねることで精緻化することでお許し願いたいと存じます。

　本テキストを発行するに当たり、名古屋経済大学大学院会計学研究科の中垣昇教授には、ご多忙を極める中で、章構成からアイデアの提供、ご寄稿に至るまで終始ご協力を賜りました。若手研究者を中心に作成された本テキストに、多大なるご理解をお示し頂いたことに深謝致します。

　最後に、編者の企画趣旨に賛同頂き貴重な原稿をお寄せ頂いた諸先生と、企画段階から多面的にご支援を頂いた五絃舎の長谷雅春社長に厚く感謝を申し上げます。

2015年7月

今光　俊介
髙木　直人

目　　次

第1章　経営学の登場 ——————————————————— 1
第1節　大規模工場制工業の出現 ———————————————— 1
第2節　新しい管理方法の出現 ————————————————— 2
第3節　経営と管理 ——————————————————————— 4
第4節　その他の研究者 ————————————————————— 5

第2章　経営学の発展 ——————————————————— 9
第1節　企業と経営資源 ————————————————————— 9
第2節　現代の企業 ——————————————————————— 10
第3節　所有と経営の分離 ———————————————————— 12
第4節　第二次世界大戦後の企業 ———————————————— 13
第5節　経営戦略 ———————————————————————— 15
第6節　品質管理 ———————————————————————— 15
第7節　情報化 ————————————————————————— 17
第8節　金融改革 ———————————————————————— 17
第9節　コーポレート・ガバナンス ——————————————— 18
第10節　グローバル化 ————————————————————— 20
第11節　日本企業の発展 ———————————————————— 21
第12節　日本の経営学 ————————————————————— 23

第3章　経営理念 ————————————————————— 27
第1節　経営理念とは何か ———————————————————— 27
第2節　企業（経営者）と経営理念の関係 ———————————— 29

第3節　経営理念の特徴―事例から考える― ──────── 30
　第4節　経営理念が"経営"を変える ─────────── 34

第4章　コーポレート・ガバナンス ──────────── 37
　第1節　企業の所有者は ───────────────── 37
　第2節　コーポレート・ガバナンスとは ──────────── 38
　第3節　アメリカにおける粉飾決算事件「エンロン事件」 ──── 39
　第4節　日本的経営とコーポレート・ガバナンス ──────── 41
　第5節　会社法とコーポレート・ガバナンス ──────── 43
　第6節　コーポレート・ガバナンス強化に向けて ──────── 45

第5章　経営組織 ──────────────────── 51
　第1節　組織とは ─────────────────── 51
　第2節　組織とバーナード理論 ───────────── 51
　第3節　組織の諸形態 ───────────────── 53
　第4節　組織への参加 ───────────────── 58
　第5節　組織と個人の価値観 ──────────────── 60

第6章　経営戦略 ──────────────────── 63
　第1節　経営学における戦略の重要性 ───────────── 63
　第2節　経営戦略論における2つの基盤的思想 ──────── 64
　第3節　事例：株式会社 能作の成長戦略 ──────────── 66
　第4節　多角化戦略とイノベーション ──────────── 69
　第5節　市場変化対応のための挑戦的・継続的な
　　　　　企業変革の重要性 ──────────────── 72

第7章　マーケティング戦略 ──────────────── 77
　第1節　製品計画における市場細分化と製品差別化の
　　　　　位置づけ ──────────────────── 77
　第2節　マーケット・セグメンテーション ──────────── 78

第3節　製品差別化 ─────────────────── 80
　　第4節　計画的陳腐化 ────────────────── 83

第8章　ブランド戦略 ───────────────── 87
　　第1節　ブランド管理の基礎 ───────────── 87
　　第2節　ブランド管理におけるブランド・エクイティの創造 ── 90
　　第3節　ブランド・ポートフォリオの管理 ──────── 91
　　第4節　企業ビジョンとしてのブランド・アイデンティティの
　　　　　　重要性 ────────────────── 95
　　第5節　流通企業におけるブランディングの事例 ───── 96

第9章　マーケティング管理 ──────────────101
　　第1節　マーケティング管理 ────────────101
　　第2節　大量生産体制の時代 ────────────103
　　第3節　寡占企業の競争の時代 ───────────104
　　第4節　系列体制の時代 ──────────────107
　　第5節　強力な小売企業の台頭 ───────────108

第10章　生産管理 ───────────────────111
　　第1節　生産管理 ───────────────── 111
　　第2節　テイラーの科学的管理法 ──────────112
　　第3節　フォード生産システム ───────────115
　　第4節　トヨタ生産方式 ──────────────117

第11章　研究開発管理 ─────────────────123
　　第1節　研究開発とは ───────────────123
　　第2節　研究開発の方向性と製品概念 ────────124
　　第3節　研究開発の管理 ──────────────127
　　第4節　市場競争力との調整 ────────────128

第12章　人事労務管理 ――131
　第1節　人事労務管理とは ――131
　第2節　雇用管理 ――133
　第3節　キャリア開発・教育訓練 ――136
　第4節　昇進管理 ――137
　第5節　人事考課 ――139

第13章　財務管理 ――141
　第1節　財務管理の役割 ――141
　第2節　財務諸表の国際化 ――142
　第3節　貸借対照表と損益計算書 ――143
　第4節　財務諸表分析 ――147

第1章　経営学の登場

第1節　大規模工場制工業の出現

　人類が歩んできた歴史を振り返ってみても、工業化社会は比較的最近に起こっている。それは、産業革命によって、大規模工場制工業が18世紀後半イギリスで誕生したことがきっかけである。また、この産業革命が約100年で世界各地に広まり、19世紀末には、フランス、ドイツ、アメリカ、日本でほぼ完成をみることになる。日本は、明治維新から約30年という期間で産業革命を実現し、欧米の先進国にキャッチアップした唯一の国である。

　アレクサンダー・ガーシェンクロン（Alexander Gershenkron, 1904-1978）の相対的後進仮説によると、先進国と後進国の技術格差が大きいほど、その後の後進国の経済成長のスピードは速いとしている。日本の産業革命は、ガーシェンクロンの相対的後進仮説が示した典型的なケースでもある。

　産業革命による大規模工場制工業における生産の機械化が、それまでの手工業的生産方法に大きな影響を与え、それは、従来の管理方法や制度を大きく変化させることとなった。

　初期の経営学は、この産業革命を期に出現し、イギリスで芽生える。すなわち、大規模工場制工業の出現こそが、経営学の発展が本格的に始まる歴史的基盤である。

　また、大規模工場制工業の出現によって、生産の主導権が熟練工から機械へと移り変わった。それは、生産の機械化によって、仕事の専門化が進み、更に、

工業製品の大量生産も可能とすることになった。

そもそも、大規模工場制工業が出現する以前は、家族経営の工場により運営されていた小規模制手工業が中核であり、その状況で必要とされていた管理方法や制度は、ごく単純なものであった。

しかし、産業革命による急速な大規模工場制工業の発展によって、従来の経営の管理方法や制度では対応不可能な事態となった。

第2節　新しい管理方法の出現

産業革命の影響によって、19世紀後半から20世紀前半にかけて、イギリスやアメリカにおいては、「生産性の向上」や「管理の科学化」の要請に応える必要から、従来の管理方法や制度とは全く異なった新しい管理方法が生まれた。

新しい管理方法や制度について最初に必ず確認しておかなければならない人物は、アダム・スミス（Adam Smith,1723-1790）とチャールズ・バベッジ（Charles Babbage, 1791-1871）の二人であり、彼らが取り上げた分業論をみてみる。

イギリスの経済学者であるスミスは「近代経済学の父」と呼ばれ、『国富論（1776）』を発表し、現代の経済に多大な影響を与えた人物である。彼は、「分業の重要性」はそれにより労働生産性が上昇し、経済全体が豊かになると論じている。

例えば、パンを作って販売することを念頭において分業せずに各個人が1人で商品を作って、それを製粉して、パンを焼きあげるとなると、かなり大変である。それよりも小麦を作る人、製粉する人、パンを焼く人、それぞれの生産過程を分業すれば効率よく作業できることになる。ここで重要なのは、分業過程において、各人が社会的効率を考えて行動している訳ではないことである。

また、スミスは分業の利点として、「同一行程がたえずくり返され技能が向上する」「一つの仕事から他の仕事に移る際に生ずる時間のロスが節約される」「分業によって作業が単純化され、工具や機械の改良が生まれる」という3つをあげている。

バベッジは、「コンピュータの父」と言われることもあり、そもそも数学者で、世界で初めて「プログラム可能」な計算機を考案した人物である。『国富論』が発表されて約50年後に、バベッジの著書である『機械化と工業化がもたらす経済効果（1835）』で、仕事を分業することの効果を論じている。熟練した賃金の高い労働者は、常にスキルを最大限に発揮しているわけではない。その仕事を分業して複数の労働者を雇えば、スキルを要する仕事だけを熟練した労働者に割り当て、他の比較的簡単な仕事は別の熟練していない労働者に割り当てることができ、全体として労働コストの削減になるというものである。

　バベッジはすでに、作業分析、時間測定、コストの問題を考え、更には、作業の単純化と専門化まで考えていた。この考えは、フレデリック・ウィンズロー・テイラー（Frederick Winslow Taylor,1856-1915）の科学的管理法が登場する前に生み出されている。

　また、ロバート・オウエン（Robert Owen,1771-1858）は、1813年に出版した『社会に関する新見解（1813）』で、分業体制は矛盾を生み出すことに関心をもち、この問題を解決するには、国民教育制度を導入することを述べている。

　オウエンにとって分業体制は、人びとに平等の富を与えて自由に生きることを可能にするというよりも、更に貧富の差を拡大させるものとして考えられていた。彼がこのように考えていたのは、社会主義はフランス革命以降、すでにひとつの思想として成立していたからでもある。

　オウエンがもっとも関心をもっていたことは、手工場的生産と違い、大規模工場制工業における生産の機械化では労働者が特殊な技能を必要としない点であり、労働者たちは、機械の操作ができればよいとされていたことである。

　オウエンは、手工場的生産から大規模工場制工業における生産の機械化へと分業の形態が変わっていくにつれて、社会に悪徳と不道徳が広がり、この問題を解決することが「よい社会」を実現するためには必要であり、そのための方法が教育であると考えたのである。そのような考えから、1819年には紡績工場法の制定に力を入れ、9歳以下の労働の禁止と16歳以下の少年工の労働時間を12時間以内という制限を実現させている。

また、オウエンは、労働者の環境条件が職務にも影響を与えるとの考えをすでにもっていた人物でもあった。すなわち、約100年後に登場するメイヨーの人間関係論の考えとも共通する部分がすでに芽生えていたこととなる。

第3節　経営と管理

　テイラーの科学的管理法の出現は、経営学に多大な影響を与えた。特に、経営と管理の問題について、科学化を導入することによって、従来の限られた管理者に限ることなく、一定の訓練を受けた者であれば管理を行うことができる状況を作った。

　すなわち、テイラーの科学的管理法が世に広まったことによって、新しい管理方法や制度が生まれた。そこで、「古典派」、「新古典派」、「近代派」を代表する人物について簡単な説明をする。

　テイラーは、科学的管理法を世に発表した人物である。特に、人間の「作業」について注目し、「課業」による管理を行うために、「大きな一日の課業を設定」「標準条件を設定」「成功に対する高い給料を設定」「失敗には損失を設定」の四つの基本原則を導入し、従来の経営者の経験や勘に頼った成行管理から発生した、労働者の組織的怠業への解決に取組んでいる。なお、テイラーに関しては、第10章に詳しく書かれている。代表的な著書として、『科学的管理法の原則（1969）』（翻訳、産業能率大学出版）がある。

　エルトン・メイヨー（George Elton Mayo,1880-1949）は、ホーソン工場での実験で、物理的作業条件と作業能率との間に、労働者の感情や意欲といった主観的な態度があり、これが大きく影響していることを発見した。この主観的な態度は、自然的発生的に生じる非公式集団（インフォーマル）の影響を受け、この集団が大規模である場合は、更に、大きな影響力をもつことについても説明している。すなわち、人間の「行動」について注目し、人間の心理的側面と内面的側面を重要視した新たな組織理論と管理論の必要性から、経営者が労働者を管理する場合、労働者の生産性の向上と感情の理論が大きくかかわってい

ると論じた。代表的な著書として、『ホーソン・リサーチと人間関係論（1978）』（翻訳、産業能率短期大学出版部）がある。

　チェスター・バーナード（Chester Irving Barnard, 1886-1961）は、組織はどのような状況でできるのかを示し、「人間は自由な意思をもち、自由に行動する」との考えから組織の理論を組み立てている。バーナードの考えでは、「二人以上の人が集まった集団を組織」と定義し、組織ができ上がるための三要素として、「共通目的」「貢献意欲」「コミュニケーション」を挙げている。現在でも、組織を説明するためにもっともよく利用されている。なお、バーナードに関しては、第5章に詳しく書かれている。代表的な著書として、『新訳 経営者の役割（1968）』（翻訳、ダイヤモンド社）がある。

第4節　その他の研究者

　ここまでに紹介をしている人物以外にも研究者は多数いる。上節でも簡単な人物紹介はしたが、経営学を学ぶ上で更に知っておくべき人物を簡潔に紹介する。
　古典派のその他の代表としては、ファヨールとフォードである。
　アンリ・ファヨール（Henri Fayol, 1841- 1925）は、『産業ならびに一般の管理（1916）』（翻訳、未来社）で、企業の経営には管理がもっとも重要であると指摘し、管理論の研究や普及に大きな影響を与えている。テイラーと同時期に管理法について考えていたが、特に交流はなかったとされている。著書として、『経営改革論（1989）』（翻訳、文眞堂）がある。
　ヘンリー・フォード（Henry Ford,1863-1947）は、フォード・システムと呼ばれる、「大量生産」を可能にするための、「標準化」と「移動組立法（ベルト・コンベア・システム）」という生産システムを考案した。特に、T型フォードの成功によって、車を金持ちの遊び道具から、大衆の足へと位置づけたのである。代表的な著書として、『フォード経営（1968）』（翻訳、東洋経済新報社）がある。
　新古典派のその他の代表としては、レスリスバーガー、マズロー、マグレガー、アージリス、ハーズバーグとリッカートである。

レスリスバーガー (Fritz Jules Roethlisberger,1898-1974) は、メイヨーの愛弟子で、ホーソン実験を行った重要人物でもある。特に、作業能率とモラールの関係を示した。代表的な著書として、『経営と勤労意欲 (1954)』(翻訳、ダイヤモンド社) がある。

　アブラハム・マズロー (Abraham Harold Maslow,1908-1970) は、人間の欲求を、第1「生理的欲求」、第2「安全欲求」、第3「社会的欲求」、第4「尊厳欲求（承認欲求）、」第5「自己実現欲求」の5段階に示し、低階層の欲求が充たされると、より高次の階層の欲求を欲すると考えた。著書として、『人間性の心理学 (1971)』(翻訳、産能大出版部) がある。

　ダグラス・マグレガー (Douglas Murray McGregor,1906-1964) は、「人間は生来怠け者で、強制され命令されなければ仕事をしないとするX理論」と、「生まれながらに嫌いということはなく、条件次第で責任を受け入れ、自ら進んで責任を取ろうとするY理論」を構築している。代表的な著書として、『企業の人間的側面 ― 統合と自己統制による経営 (1966)』(翻訳、産能大出版部) がある。

　クリス・アージリス (Chris Argyris,1923-) は、人間は成熟度に応じて、それぞれ成長の方向に向かい、自らの欲求を表明し、労働の過程で自己実現を目指す「自己実現人」であると仮定し、組織の中の人間行動を説明した。代表的な著書として、『新訳　組織とパーソナリティーシステムと個人との葛藤 (1966)』(翻訳、日本能率協会) がある。

　フレデリック・ハーズバーグ (Frederick Herzberg, 1923-2000) は、人間には2種類の欲求があり、苦痛を避けようとする動物的な欲求と、心理的に成長しようとする人間的欲求という別々の欲求があるとし、「満足」に関わる要因（動機付け要因）と「不満足」に関わる要因（衛生要因）は別のものであるとする考え方である。代表的な著書として、『仕事と人間性　動機づけ―衛生理論の新展開 (1981)』(翻訳、東洋経済新報社) がある。

　レンシス・リッカート (Rensis Likert,1903-1981) は、組織をシステムとして捉え、リーダーシップに関わる管理システムを、「システム1：権威主義・専制型」、「システム2：温情・専制型」、「システム3：参画協調型」、「システ

ム4：民主主義型」と4つに分類し規定した。特に、民主主義型のシステム4を採用している経営組織の業績がもっとも高いとしている。代表的な著書として、『経営の行動科学（1964）』（翻訳、ダイヤモンド社）がある。

　近代派のその他の代表としては、サイモンである。

　ハーバート・サイモン（Herbert Alexander Simon,1916-2001）は、1978年にノーベル経済学賞を受賞した人物でもある。企業活動にとってもっとも重要な事は意思の決定であるとしている。そして、意思決定はどう行われているかを研究している。ただし、完璧な意思決定をできる経営者は存在しないことを説明し、完璧な意思決定ではなく、意思決定の合理性を高めることを主張している。代表的な著書として、『経営行動（1965）』（翻訳、ダイヤモンド社）がある。

　今後、経営学にさらなる関心をもつこととなった場合、本章で紹介した著書を読まれることを薦める。

【参考文献】
井原久光著『テキスト経営学［第3版］』ミネルヴァ書房、2008年。
岡本康雄編著『現代経営学辞典　三訂版』同文舘出版、2003年。
北野利信編『経営学説入門』有斐閣新書、1977年。
経営学史学会編『経営学の現在』文眞堂、2007年。

第2章　経営学の発展

第1節　企業と経営資源

　企業（enterprise, corporation）は社会の要求に応えるために企業目標を設定し経営活動を展開するが、その企業が生み出す価値の源泉は希少な経営資源（managerial resources）である。経営資源は、一般にヒト（人的資源）、モノ（物的資源）、カネ（貨幣的資源）、情報（情報的資源）の4つからなる。企業は希少な経営資源をもっとも有効に活用できる組織であるものの、これら4つの経営資源はそれぞれ移転のスピードに差があることに注意すべきである。例えば、ヒトは、個々の人間の知恵と知識が生かされる資源であるが、その能力を発揮するまでに教育・訓練期間を含めて年単位の修養を必要とする。モノは、生産・流通・消費の過程で貨幣的価値が認められる資源であるが、交通通信手段が発達した今日ですら供給者から需要者に移転するまでに月・週・日の単位を必要とする。カネは、貨幣が主体となる資源で、今日の経営環境の下では移転を時・分・秒単位で済ます場合がある。情報は、情報自体に価値が認められる資源であり、情報通信技術の発達と規制緩和により大量の情報が分・秒単位で移転できるようになり、かつそのスピードが加速している。現代の企業は社会の要求を満たすもっとも効率的な組織であるため、経営資源を活用して企業価値を生み出す過程とその成果を客観的に測定するための尺度が必要になる。言うまでもなく、この企業価値を生み出す過程とその成果は、一般に貨幣価値（monetary value）の尺度により測定される。

企業の経済活動が地球規模で展開されるにつれ地球の環境保全が注目されるようになり、その結果、高い企業倫理（business ethics）を保持しつつ企業の社会的責任（corporate social responsibility, CSR）を果たす企業が重視されるようになった。こうした企業の社会的責任を数値により測定することは容易でないものの、われわれはこうした社会的責任を包含した企業価値にまで関心を向けるべきである。

経営資源のうちでもヒトは、製品・サービスを市場へ提供するためにリスクを負担し、最終的に意思決定し、市場からの最終的な評価を受ける一連の過程において主体的役割を果たす。また、企業は有効に機能するために創造的な事業を可能とする組織を形成し、中長期にわたり維持・存続する必要がある。言い換えれば、企業は短期的利潤の最大化、株価の上昇、売上高の増加、ブランドの浸透等のみで評価されてはならない。現代の企業において主体的役割を果たすのは、あくまで企業に帰属するヒトであり、株主（stockholders）、顧客（customers）、政府（governments）、メディア（media）ではない。つまり、利害関係者（stakeholders）の一翼を担う株主は一時的な法的擬制に過ぎず、また顧客は自らの立場から取引する一時的な経済主体であり、更に政府は民主的な国民国家（nation state）の立場から企業を規制する組織である。言い換えれば、企業はヒトを主体とする組織であり、同時にヒトは他の資源に比べ客観的な評価がもっとも難しい経営資源でもある[1]。

第2節　現代の企業

現代の企業は、自らリスクを負担し、自主的に意思決定し、製品・サービスを市場に提供することにより富（wealth）を生み出し、その評価を市場から受けるもっとも効率的な組織形態である。企業は政府の組織ではなく民間の組織であり、経済的評価については市場原理により、社会的評価については社会的コンセンサスにより、また政治的評価については法律・行政により下される。企業の最大の目標は維持・成長にあり、単に事業（business）を行う組織では

ない。同時に現代の企業の中心は、集団として国家から特定の権利を付与された民間の法人（legal person）としての株式会社が担っている。

　もっとも、18世紀までの企業は同族経営が中心で企業規模は小規模であり、明確な管理組織をもつことなく、したがって専門経営者は存在しなかった。当時は、組織的、効率的に物的資源（モノ）を売買できる交通運輸手段はなく、そのために取引の途中の緩衝機能の役割を果たす卸売（問屋）が経済活動の中核的役割を担っていた。つまり、生産および消費が小規模で、生産地、集散地、消費地のいずれにおいても、卸売（問屋）が経済活動の中核的役割を担い流通機能のみならず金融機能に至るまで多様な機能を果たし、生産および消費の経済活動においては小規模な事業体が経済活動の基盤を支えていた。

　しかしながら、18世紀半ば頃にイギリスで生起した産業革命（industrial revolution）を契機に工場制度による大量生産が可能になり、近代資本主義が成立するとともに近代的企業が芽生える。また、1789年のフランス革命を契機にフランス共和国が誕生し、欧米において国民国家が成立した。日本は1868年の明治維新を契機に国民国家に加わり、その国民国家の下で法律・金融等の制度が整備され、企業は国内・国外の経営活動を展開するようになる。

　19世紀後半以降から20世紀前半にかけて、鉄道と自動車による陸送、大型船舶による海上輸送、大型飛行機による空輸を可能にする環境が整備され、欧米を中心に鉄道、製鉄、石炭、石油、化学等の分野において大企業が生まれた。その背景には、産業革命の基盤になり大量の労働者の雇用を可能にした工場制度（factory system）と個人の富の集中を可能にした近代的株式会社（modern corporation）の存在がある。大企業の生産活動を通じて、今日われわれが日常的に接する商品としての写真、タイプライター、電話、電灯、自動車、飛行機、映画等がこの時代に市場に登場する。一方で、現場を離れて長期的視点から設備投資計画を立て、設備投資後は事業を運営できる人材が必要になり、その結果、洞察力に優れ、多額の資本を調達し、大量のモノを扱い、多人数のヒトを管理し、全社的な意思決定のできる専門経営者（professional manager）が登場する。

1950年代にコンピュータが市場に出て1980年代にはインターネットが生まれ、関連する情報通信技術が急速に発達した。それを受けて多品種少量生産に代表される新たな経営方式が模索され、大企業を中心に組織的、効率的な市場が形成される。今日では、大量のモノを生産する大規模製造業と大量のモノを流通させる大規模小売業が発達し、併せて金融業が生産・流通の両分野に深く関与して生産・販売・金融が一体化するようになった。企業がグローバルな視点から短時間に大規模な取引を可能にする経営環境が整備されたことになる。

第3節　所有と経営の分離

現代の企業の中心は株式会社である。企業の大規模化に伴い多額の資本が必要となり、そのための調達手段としての株式が注目され株式市場が発達する。同時に企業は多数の従業員（労働者）を常時雇用し、巨額の投資のため多額の資本を常時必要とし、不特定多数にのぼる有限責任の株主（所有者）に対して資本提供を働きかける。このように生産規模の拡大と長期的な資本需要を満たすために株式会社制度が確立し、株式会社が現代の企業の中心的役割を果たすようになった。

1930年代に今日の大規模企業の株主の中心は経営者ではなく有限責任の資本所有者になり、企業における「所有と経営の分離」が顕著になった。当時の事情を経済・法律の視点からバーリ（Adolf A.Berle）＝ミーンズ（Gardiner C.Means）が分析し、共著『近代株式会社と私有財産』において研究成果を発表した。彼らは、1932年のアメリカにおける株式の所有状況を通じて、大企業が寡占競争の時代に入って株式所有の分散に並行し大企業を中心に専門経営者による実質的な経営支配が浸透していることを明らかにした[2]。かれらの問題提起は、今日の企業統治（corporate governance）の問題につながる。

かつて財産はもっぱら個人が所有しかつ使用するものであったが、株式会社が出現し近代的企業（会社）が経済活動の中心的役割を果たすようになり、財産概念の中心が株式に変わる。株式が証券市場（特に流通市場）を通じ瞬時に

効率よく売買されかつ株式数が増加するにつれて、当然ながら特定の株主の持株比率は低下する。言うまでもなく、持株比率の低下は、株主による経営支配は困難になり、財産の主流が権利証券としての株式に変わった。ここでは企業の所有者としての株主は、議決権、配当請求権、残余財産分配権請求権をもつ利害関係者になる。

更に付け加えれば、1920年代のアメリカを中心に自動車・電化製品の普及、映画産業の繁栄に見られるように「豊かな社会」「大衆消費社会」を謳歌し、流通・サービス部門の第三次産業が拡大した。顧客志向のマーケティングの経営手法が芽生え、製造業のみならず商業においても企業の大規模化および再編が進む。しかしながら、経済の活況の裏側において人労働争議・企業間の不正取引等に見られる不祥事が頻発し、1929年10月24日「暗黒の木曜日」のニューヨーク株式市場株式大暴落を契機に世界は「大恐慌時代」に突入し、これが第二次世界大戦の引き金の1つになる。一方で、企業の情報開示（disclosure）に関する規制が乏しく不正と想定される経営活動を容認してきた反省から、企業の情報開示制度が日の目を見た。アメリカにおける1933年のグラス・スティーガル法および有価証券法、1934年の証券取引所法の成立および証券取引委員会（Securities Exchange Commission, SEC）の設立はその証左である。グラス・スティーガル法により銀行と証券業が分離され証券取引規制が強化され、一連の規制強化が監査制度の整備とともに会計制度および財務諸表の標準化を促し、今日の国際会計基準・国際財務報告基準（International Financial Reporting Standards, IFRS）の萌芽になる。

第4節　第二次世界大戦後の企業

第二次世界大戦は世界に未曾有の惨禍をもたらし[3]、最終的に戦後体制はアメリカ主導の西陣営とソビエト連邦主導の東陣営の二つに分かれた。政治・文化・経済等の側面で東西冷戦が続き、東陣営は共産主義・社会主義に基づく政府主導型の事業体、また西陣営は民主主義・自由主義に基づく民間主導型の企

業を中心に経済活動を推進した。この結果、大規模株式会社を基軸にする経済活動はほぼ西陣営に限定され、世界の富の集中するアメリカが西側の経済活動を牽引することになった。

　第二次世界大戦末期にアメリカの避暑地、ブレトン・ウッズに43カ国が参加し、戦後の新たな世界秩序を想定してIMF（International Monetary Fund 国際通貨基金）、IBRD（International Bank for Reconstruction and Development 世界銀行）等の国際機関の道筋を決めた。当時のアメリカは世界の金保有高の3分の2を保有しており、為替を安定させるために米ドルと金（gold）の兌換可能な「ブレトン・ウッズ体制」が採択され、この体制が各国で批准後の1947年から1971年まで続くことになる。日本は1973年に正式に変動為替相場制に移行するが日本企業が戦後から約30年間の長期にわたり、とりわけ高度経済成長の時期まで1ドル360円の固定相場で経済活動を展開したことは留意しておいてよい[4]。

　世界の社会経済システムが一変した第二次世界大戦後に、ドラッカー（Peter F. Drucker）は、経済学、政治学、社会学、法律学等の知識体系を駆使して独自の経営学を確立した。彼は、大量生産工場と株式会社の到来した第一次世界大戦後の社会を産業社会として捉え、経営（management）を20世紀が生んだ社会的イノベーションと評価し、医学や法律と同様に扱うべきと主張した[5]。戦後の企業とりわけ大企業を代表する事例としてGMを例に挙げ、企業のあるべき姿を論ずる[6]。彼は、企業の本質は社会的存在であり、リーダーシップ（leadership）、政策（policy）、目標（yardstick）を基軸にした人間の集団を目指すべきであり、その意味で株主は企業にとって利害者関係者の1つに過ぎない派生的存在であって、企業の役割はあくまで社会に対して財・サービスを提供するという経済的機能を果たすことであると主張する[7]。その後、彼はマーケティングとイノベーションを企業活動の二大基本的機能として定式化し、ドラッカーの著作は刊行後に日本語に翻訳され日本企業の経営者に多大な影響を与えた。

第5節　経営戦略

　株式会社の時代を迎え組織が大規模になり管理の対象が飛躍的に拡大するとともに、事業部制に代表される組織再編とそれに伴う経営戦略が登場する。チャンドラー（Alfred D. Chandler Jr）の研究によれば、第一次世界大戦後、デュポンはペイント・染料・化学薬品・プラスチック製品にまたがる複数製品の多角化事業に取り組み[8]、GMは分権的管理責任と集権的政策立案からなる組織管理を推進して競争相手のフォードとの競争に勝ち、アメリカの組織改革の模範になった[9]。また、シアーズ・ローバックは都市化と大量商品販売の時代に適応した経営管理層と組織の充実に努め[10]、企業経営に戦略概念を積極的に導入した。

　戦略（strategy）は、トップマネジメントが環境の変化に適応し企業の長期的な使命（mission）に向けて目標達成のために行う意思決定プロセスであり、戦術（tactics）は、戦略目標に向けてミドルトップマネジメントが行う意思決定プロセスである。すべての組織は、その資源と環境を意識的に適合させる必要があるが、適合の特性はすべての組織において描くことができる[11]。また、戦略の立案の際には、組織と環境の関係に影響する諸変化に注目し、能率（efficiency）ではなく有効性（effectiveness）に注視することが肝要である。

　ポーター（Michael E. Porter）によれば、企業がグローバル化するにつれて表面的には国家の役割が減少しているように思われるが、むしろ国家の経済構造、価値観、文化、制度、歴史が企業の競争優位に影響し、産業こそが競争優位を勝ちうるか失うかの場所である[12]。そのため、トップマネジメントは国家の産業別に競争優位の条件を把握し、企業戦略を立案する必要がある。

第6節　品質管理

　20世紀初頭に「人間は合理的な存在である」との命題に基づき、科学的管理（scientific management）と経営管理（administrative management）の研究が

生まれる。当時の製造業の経営者は、労働生産性を高めるために短期雇用の労働者に過重な労働を強いた。科学的管理は、個々の労働者の労働生産性を高めるための手法であり、先駆者としてしばしばテイラー（Frederic Taylor）とガルブレイス夫妻（Frank and Lillian Galbleith）が挙げられるが、彼らの関心は品質管理には向けられることはなかった。また、経営管理の分野では経営管理を最初に体系化したフランス人技術者ファヨール（Henri Fayol）とドイツ人社会学者ウエーバー（Max Weber）が貢献しているが、いずれも品質管理に結びつかなかった。

　第一次世界大戦後から第二次世界大戦の間において、新技術および新製品が開発されて新たな市場で成長する企業が族生し、品質管理に対する関心が高まる。その一部が第二次世界大戦時に飛行機、ロケット、コンピュータ、化学、薬品等の新技術・新製品として結実する。

　日本においては、第二次世界大戦後、大企業および中小企業ともに廃墟のなかから立ち上がり、三井、三菱、住友等の旧財閥企業群に加えてパナソニック（旧松下電器）、ソニー、トヨタ自動車、本田技研のような企業が登場する。これらの企業に共通するのは品質へのこだわりである。例えば、トヨタ自動車の場合、1950（昭和25）年に労働争議・人員整理により経営危機に陥ったが、有力銀行からの協調融資によって倒産をまぬがれた。その後、品質を工程で絞り込むモノづくりの原点の追求を開始し顧客のニーズに応える品質管理（quality control）、品質保証（quality assurance）、総合的品質管理（total quality management）にウエートが置かれるようになり[13]、他の企業群と同様に1980年代には環境問題を克服して速度・燃費・静寂さ・空気抵抗で世界水準に達した。品質管理は、製造業に止まらず、流通、商業、金融の分野においても適用され、いわゆる日本的経営の有力な手法の1つとして評価されるようになった。

第7節　情報化

　19世紀末から20世紀初頭に郵送・電信電話が登場し、ラジオ・テレビが発明される。1950年代にはコンピュータが登場し、情報技術が急速に発達する。ただし、当時のコンピュータは高速で高価な計算機とされ一部の組織において利用されるにとどまった。また1980年代にインターネットが登場するがやはり一部の研究機関が利用するネットワークとして捉えられていた。しかしながら、1990年代以降の情報通信技術の発達および普及は著しく、コンピュータとインターネットによって生まれた高度情報通信環境が企業活動のみならず社会生活の一部になっている。

　情報通信技術の発達により、貨幣的資源（カネ）および情報的資源（情報）は物的資源（モノ）や人的資源（ヒト）よりも取引および移転の時間が短くなり、そのスピードの差は拡大している。とりわけ、1990年代に入り貨幣的資源の移転に関わる企業の業務内容が激変し、企業再編を含むM&A（合併・買収）にまで影響した。

　ところで、情報化の流れは行動経済学として結実し、経営学分野からサイモン（Herbert A.Simon）とカーネマン（Daniel Kahneman）等のノーベル経済学受賞者を生んだ。彼らによれば、人間の情報処理能力および合理性には限界があり、人間は限られた時間内において効用最大化ではなく満足化により意思決定する。一方で、情報処理能力は加速度的に発達しており、われわれは価値観を含む思考能力と情報通信環境との関係に真摯に取り組まなければならない。

第8節　金融改革

　1980年代にアメリカ・イギリスを中心に規制改革の一環として金融規制が緩和された。1999年にはアメリカのグラス・スティーガル法の一部が撤廃され銀行業と証券業の業際規制が緩み、1997年には金融持ち株会社の設立が原

則自由になった。一方、ヨーロッパの金融機関の形態は基本的にユニバーサルバンクで、銀行業と証券業に垣根がないのが特色である。日本の金融市場は、ニューヨークとロンドンと並ぶ金融市場に成長したが、1989年のバブル崩壊後1990年代に金融再編が進み、1998年には橋本内閣が「フリー・フェアー・グローバル」の3原則を掲げて金融改革に乗り出した。大企業に関する限り情報開示（ディスクロージャー）が促進され、1999年には連結財務諸表が主たる財務諸表に格上げされその開示が義務付けられた。更に規制緩和の一環として2003年には銀行・保険・証券の代理業が解禁され、2005年に小泉内閣の下で郵政民有化法が成立し、2006年に会社法（旧商法）、2007年に金融証券取引法（旧証券取引法）が施行された。

　この間、金融改革に伴い多額の金融派生商品（デリバティブ）が流通し、そのために国際金融市場は安定せず、2007年のサブプライム破綻と2008年にリーマン・ブラザーズ破綻に始まるアメリカ・イギリスの金融危機、2010年のギリシャ債務危機に始まるユーロ危機が発生する。グローバル化に伴い国際標準を標榜するルールが形成される傾向があり、1億分の1秒単位の電子的取引が可能な金融空間の下で進展する金融のグローバル化のなかで、企業はM&Aに代表されるグローバルな市場原理主義に晒されている。そのため、企業は、企業価値に直接的・間接的に影響する為替、金利、株価等にまたがる国際金融の課題を直視する必要がある。

第9節　コーポレート・ガバナンス

　1980年代以降、アメリカを中心に進められた規制緩和の過程で、コーポレート・ガバナンス（企業統治）[14]については「会社は株主のもの」とする経営システムがグローバル・スタンダードとして持て囃されるようになった。しかしながら、アメリカにおいて1990年代からM&Aが活発になり、経営者がストック・オプションを濫用した不正事件が発生する[15]。例えば、2001年にアングロ・サクソン型の経営の模範としてエネルギー業界で急成長したエンロン社（1985

年創業）が粉飾決算により株価をつりあげて史上最大の倒産事件を起こし、続いて2002年にワールド・コム（1983年創業）の会計不正による事件が発生した。2008年にはリーマン・ブラザーズ（1850年創業）のような老舗の大企業が破綻し、これらの大型倒産事件は国内外の社会経済システムに多大な影響を与え、信任関係で結ばれるべき経営者と企業の関係が単なる契約関係になる危険性を改めて浮き彫りにした[16]。

　確かに、株式は、形式化しやすく（企業銘柄別）、数量化しやすく（1株当たり）、かつ分かりやすい（金額表示）指標であり、情報通信技術の発達の余波を受け証券市場を通じて一般大衆にも広く利用されるようになった。しかしながら、株式会社は単に株主の所有物に過ぎないとして一部の経営者は株価の最大化が企業価値の最大化につながると判断し、コストを削って配当を増やすよう努力する。その場合、短期的には株価が上昇するものの、中長期的には逆の結果がもたらされる可能性がある。一般に、株価と株主主権を重視する経営手法はアングロ・サクソン諸国で採用され、日本・ドイツ・フランス等においては中長期に及ぶ企業の維持・成長を前提にして従業員を含む全利害関係者に配慮する傾向があり、コーポレート・ガバナンスの内容は一様でないことに注目すべきである。

　そもそも、経営者は、長期的視点に立てば株主にとどまらず従業員、顧客、供給業者、債権者、更には社会全般を含む利害関係者に対して責任を負っている。経営者は、その影響力が大きいだけに利害関係者に対して透明性・客観性・妥当性・迅速性・開示性が担保される経営システムを構築しなければならない。そのために、一連の金融改革に併せて生起する国際金融危機が、改めてコーポレート・ガバナンスに対する関心を高め、国際機関・各国政府・企業団体等が各種の「コーポレート・ガバナンス原則」を公表している。また、我が国の場合、金融庁電子開示システムのエディネット（EDINET）を通じて不特定多数の投資家に対して企業情報が有価証券報告書として開示され、この有価証券報告書には「コーポレート・ガバナンスの状況」が記載されている。

第10節　グローバル化

　フリードマン（Thomas L. Friedman）は、国家の枠を超える活動をグローバル化と定義し、1492年から1800年頃に腕力により世界統一を目指して「世界のサイズをLからM」にした国家の時代、1800年頃から2000年前後までの市場と労働力を求め「世界のサイズをMからS」にした多国籍企業の時代を経て、2000年前後以降の個人がグローバルに活躍する「世界のサイズをSからフラット」にした個人の時代に3区分し、今日の世界を文字通り1つの球体として捉える。言うまでもなく今日のグローバル化の時代の背景には、パソコン、インターネットによって生まれた高度情報通信環境の発達がある[17]。

　確かにフリードマンが言うように個人がグローバルに活躍できる時代を迎え、インターネットを通じて世界が一体化する時代を迎えている。その意味では、企業が規模の経済を活用し優れた製品を提供できる市場は拡大している。しかしながら、一方で2008年のリーマン危機にみられるように一部の国際金融資本家が金銭的な利益を獲得するために各国の法と司法制度の枠を超え国際金融市場を混乱に陥れ、改めてグローバル化の意味が問い直されている。

　また、グローバル化時代の新たな市場に馴染みやすい産業と不向きな産業がある。前者の代表例には金融、輸送用機器、卸売・小売、情報通信等、後者には農林、医療・福祉、教育・学習支援等がある。同時にグローバル化の波にあえて乗らず、企業独自の伝統・慣習を守り、成功している企業が存在することも事実である。

　組織としての企業は、地球上のすべての国・地域に存在し、成長・維持・撤退を繰り返すことが予想される。組織は、個々の人間が思索し、コミュニケーションを交わし、そのうえで維持される。その意味でも、ヒトの価値観、倫理、思想、歴史観がますます重要になり、組織としては株式会社を中心とした営利企業にこだわることなく、グローバル化の時代に顧客満足につながる非営利企業その他の共同体組織も対象とすべきである。

第11節　日本企業の発展

　かつて日本企業は、終身雇用（career employment）、年功序列（seniority pay and promotion）、企業別労働組合（enterprise union）を原則としてヒトに重きを置き、時代を超える経営理念の継承、社内教育、小集団主義経営に努めてきた。またそれが一定の成功を収めて、一時期はその成果を「日本的経営」として評価された。その背景には、市場競争による潰し合いを極力避け、長期間の企業評価を可能とするゴーイング・コンサーン（事業継続体）が存在したからに他ならない。

　古来、日本企業は「のれん」を大切にして事業を維持・成長させる努力を怠らなかった。企業は、人的資源を中核とした共同体として利害関係者間の信頼関係に基づき、長期的な視点から良質な製品とサービスを提供することを最大の目標とする。その意味では、「人材作り」と「モノ作り」が企業目標の中心であり、長期間かけてそれを達成した企業が「のれん」を誇る「老舗」になる。

　世界最古の企業である大阪の金剛組は578年に創業し、また日本には創業100年以上の企業が、清酒製造、酒小売、呉服・服地小売、旅館・ホテルを上位に企業数で19,518社、また創業300年以上の企業数に絞っても435社存在する[18]。一方、ヨーロッパの最古の老舗企業は1369年創業のフィレンツェの金属細工企業・トルリーニ社、中国の最古の老舗企業は1669年創業の漢方企業・北京同仁堂とされ、国別では日本企業の老舗数が突出している。わが国は江戸時代に近代化の基盤を整え、更に付け加えれば、極東の島国において外敵からの脅威に晒される機会が少なく、伝統的に家族や共同体を核とする文化を継続・維持し、文化的資源を重視する土壌が存在していた[19]。

　日本は、幕末の激動期を経て明治維新を契機にして自発的に国民国家の仲間入りを果たすことができた。1872（明治5）年の国立銀行条例により有限責任制による株式の売買譲渡を認め株式会社制度の骨格が整備され、1893（明治26）年の商法の公布・施行により株式会社の設立が促進され、その過程で近代

的企業が育成された。

　日清戦争（1894-1895）および日露戦争（1904-1905）を経て、重化学工業（金属・機械・化学）、紡績等の分野で産業が勃興し、有力な事業経営者が三井、三菱、住友等の財閥を形成していく。その後、財閥企業おいて創業者一族の影響力は一部残るものの、実際の経営管理は専門経営者に任されるようなる。また、日本経済に占める財閥の集中度が高まり、終戦時には三井・三菱・住友・安田の4大財閥を中心とした財閥が日本企業の払込資本総額の4分の1を占めた。

　1945（昭和20）年8月の原爆投下・ポツダム宣言受諾を経てわが国は終戦を迎え、GHQ占領体制の下で廃墟のなかから立ち上がる。6年8カ月に及ぶGHQ支配は、武装解除、東京裁判、日本国憲法制定、公職追放、刊行物没収・検閲、農地解放、教育改革、財閥解体に及び、今日の社会経済システムに色濃く反映している[20]。財閥解体により旧財閥家族は経済界から退き、日本経済を再興させるために金融機関に対する大蔵省（現金融庁・財務省）、産業界に対する通産省（現経済産業省）の行政指導の下に官民挙げて新たなシステムを模索することになる。旧財閥企業に加え、新市場・新製品を志向する新興企業が戦後の日本経済を牽引し、これらの企業は、株主対策、資金調達を安定させるために企業集団ごとにメインバンク制と系列システムが形成される。この日本特有のメインバンク制、系列システムさらには株式相互持ち合いが、高度成長期には有効に機能した。

　また日本企業は、ヒトに重きを置き、時代を超える経営理念の継承、社内教育、小集団主義経営に努めてきた。それが一定の成功を収めて、一時期はその成果を「日本的経営」として評価された。その背景には、市場競争による潰し合いを極力避け、長期間の企業評価を可能とするゴーイング・コンサーン（事業継続体）の存在があったからに他ならない。

　日本企業の特徴として挙げられる終身雇用、年功序列、企業別労働組合は揺らぎ始めているとはいえ、今日でも基本的には維持されている[21]。つまり、企業は生産の場であるとともに生活の場であると捉えられ、信頼関係が重視される[22]。確かに、企業を取り巻く経営環境はヒト、モノ、カネ、情報のすべ

て経営資源について国境の壁が低くなり、企業は日本的経営が貫徹できないことも事実であるが、長期的視点に立った企業の維持・成長に配慮し企業が社会の公器とするならば、日本的経営のメリットは決して無視できない。

第 12 節　日本の経営学

　日本は、明治維新を契機に近代化・産業化を進め、英・米・仏・独等の西欧の学問・科学・文化を積極的に受け入れた。その結果、近代化・産業化とともに有力な企業が簇生し企業に関する学問が生まれた。1926（大正 15）年には日本経営学会が設立され、この頃から「経営学」の名称が定着するようになった[23]。第二次世界大戦以前の経営学は他の社会科学と同様に欧米の研究成果の影響を強く受けたが、戦後において教育・研究等を含む日本の諸制度にアメリカの影響が強くなり、経営学の領域においてもアメリカの経営管理論、組織論を中心にアメリカ経営学が日本の経営学に多大な影響を与えた。日本の経営学は戦前からの学問的潮流が変化し、経営管理[24]（management）を中心とするアメリカ経営学の学派、ドイツの経営経済学（Betriebswirtschaftslehre）を中心とする学派、マルクス・レーニン主義を核とする社会主義経営学の学派に三分され、戦後しばらくの間この傾向が続いた。高度成長期以降には、戦後の経済復興に貢献した集団主義と人間関係を尊重する日本的経営論が注目されるようになった[25]。東西冷戦終結を経て、それまで 1 つの学派を形成していたドイツ経営経済学および社会主義経営学の影響力が低下し、企業のグーローバル化の時代を迎え、アメリカ型経営論および日本型経営論が主流を占めている[26]。

注
1) 中垣昇『日本企業のダイナミズム』文眞堂、2011 年、27-29 ページ。
2) Berle, Adolf A. & Gardiner C.Means, *The Modern Corporation & Private Property*, Transaction Publishers, 1932, p.5, 邦訳 4 ページ。
3) 破壊と荒廃をもたらすはずの戦争が、一方では 18 世紀世紀以降に企業の経済活動に刺激を与え、蒸気機関、電話、通信、自動車、飛行機に転用されている。第一次世

界大戦がなければラジオの開発は20年、また第二次世界大戦がなければコンピュータの開発は30〜40年遅れたと言われる。Drucker, Peter F., *The New Reality*, Harper & Row Publishers, 1989, p.48, 邦訳68ページ。

4) 日本は1952年にサンフランシスコ講和条約の発効に併せてブレトン・ウッズ協定の加盟が承認され、1ドル360円の固定相場が正式に決定された。中垣昇『経営財務の基礎理論』税務経理協会、2007年、198ページ。

5) Kinicki, Angelo & Brian K. Williams, *Management: An Practical Introduction*, 6th. ed., McGraw-Hill / Irwin, 2013, p.40.

6) ドラッカーは、アメリカの企業を論ずるに当たり、1929年以前は殆ど存在しなかった課題を現実によって検証するためGMを取り上げた。その理由は、GMが近代産業社会を代表するするアメリカ最大のメーカーであり、とりわけ社会的組織たる企業としてマネジメントの基本的問題に正面から取り組む唯一の企業であったからである。彼は、部分的には従業員訓練についてベル電話会社が、また財務管理についてデュポンが優れていることを認めている。Drucker, Peter F., *Concept of the Corporation*, Transaction Publishers,1946, p.11, 邦訳10-11ページ。

7) 三戸公『ドラッカー、その思想』文眞堂、2011年、98-99ページ。

8) Chandler Jr., Alfred D., *Strategy and Structure: Chapters in the History of the American Industrial Enterprise*, MIT Press,1962, p.5, 邦訳101ページ。

9) Chandler Jr., Alfred D., *Ibid.*, p.161, 邦訳169ページ。

10) Chandler Jr., Alfred D., *op.sit.*, p.282, 邦訳281ページ。

11) Hofer, Charles W. & Dan Schendel, *Strategy Formulation :Analytical Concepts*, 1978, p.4, 邦訳7ページ。

12) Porter, Michael E., *The Competitive Advantage of Nations*, The Free Press, 1990, p.34, 邦訳50ページ。

13) Kinicki, Angelo & Brian K.Williams, *Management : An Practical Introduction*, 6th. ed., McGraw-Hill/Irwin, 2013, p.58.

14) 例えば、アングロ・サクソン型企業統治はcorporate governance、ドイツ型企業統治はUnternehmensverfassungと言われるが、ドイツの場合は二層の取締役会と共同決定の仕組みがあり企業統治の内容は異なる。

15) M&Aとストック・オプションが濫用され、アメリカの大企業の経営者の平均給与が1990年代末には1990年の約6倍の1240万ドルに達した。当時、ヨーロッパと日本においては敵対的買収が遥かに少なく、経営者は銀行との良好な関係により保護されていた。Micklethwait, John & Adrian Wooldridge, *The Company: A Short History of a Revolutionary Idea*, The Modern Library, 2005, p.198-208, 邦訳

191 ページ。
16) 中垣昇『日本企業のダイナミズム』文眞堂、2011 年、52 ページ。
17) Friedman, Thomas L., *The World Is Flat: A Brief History of the Twenty-first Century*, Farrar, Straus and Giroux, 2005, pp.9-12, 邦訳 21-25 ページ。
18) 帝国データバンク資料館・産業調査部編、2009 年、50 ページ。
19) 中垣、前掲書、73-74 ページ。
20) 中垣、同上書、62 ページ。
21) Abegglen, James C. & Gorge Stalk,Jr.(1985), *Kaisha, The Japanese Corporation*, Basic Books,Inc.,Publishers,1985, pp.198-208, 邦訳 270-282 ページ。
22) 清水龍瑩『日本企業の活性化・個性化』中央経済社、1993 年、5 ページ。
23) 岡本康雄『現代経営学辞典〔改訂増補版〕』同文舘、1996 年、3 ページ。
24) ドイツでは経済学が通常、国民経済を総合的に扱う国民経済学(Volkswirtschaftslehre) と国民経済の構成要素である企業を扱う経営経済学 Betriebswirtschaftslehre) に分けられ、前者が経済学、後者が経営学に相当する。今日においても、産業政策、社会福祉の分野に見られるように経済事象を一体として扱う望ましい分野は少なくなく、今後は企業を関する事象を経営学と経済学の両分野から研究する姿勢を重視すべきである。中垣昇「経営学総論」『最新経営会計事典〔第2版〕』八千代出版、1996年、6ページ。
25) 間宏『日本的経営の系譜』文眞堂、1989 年、273-275 ページ。
26) アルフレッド・ノーベルの遺言による学術賞として 1901 年からノーベル賞の授賞が始まり、1969 年にはノーベル経済学賞(正式には「ノーベル記念経済学スウェーデン国立銀行賞」)が追加された。ノーベル賞は学術を中心に世界人類に多大な影響力のあった人々を対象として授賞されるが、1969 年から 2013 年の間のノーベル経済学賞受賞者 74 名のうち 51 名がアメリカ人によって占められている。受賞者の中には、サイモン(1978 年)の「情報科学」、マコービッツ(1990 年)の「ポートフォリオ理論」、コース(1991 年)の「企業と市場」、ショールズ(1997 年)の「ファイナンス論」、カーネマン(2002 年)の「行動科学」、ウィリアムソン(2009 年)の「内部組織と市場」、ファーマ(2013 年)の「ファイナンス論」のように経営学分野からの受賞者も見られる。依田高典『現代経済学〔改訂新版〕』放送大学教育振興会、2013 年、9-10 ページ。

【参考文献】
依田高典『現代経済学〔改訂新版〕』放送大学教育振興会、2013 年。
岡本康雄『現代経営学辞典〔改訂増補版〕』同文舘、1996 年。
清水龍瑩『日本企業の活性化・個性化』中央経済社、1993 年。

帝国データバンク資料館・産業調査部編『百年続く企業の条件』朝日新書、2009年。
中垣昇「経営学総論」『最新経営会計事典〔第2版〕』八千代出版、1996年、3-6ページ。
中垣昇『経営財務の基礎理論』税務経理協会、2007年。
中垣昇『日本企業のダイナミズム』文眞堂、2011年。
間宏『日本的経営の系譜』文眞堂、1989年。
三戸公『ドラッカー、その思想』文眞堂、2011年。
Abegglen, James C. & Gorge Stalk, Jr., *Kaisha, The Japanese Corporation*, Basic Books, Inc., Publishers, 1985. (植山周一郎訳『カイシャ』講談社、1986年)
Berle, Adolf A. & Gardiner C. Means, *The Modern Corporation & Private Property*, Transaction Publishers, 1932. (北島忠男訳『近代株式会社と私有財産』文雅堂銀行研究社、1958年)
Chandler Jr., Alfred D., *Strategy and Structure: Chapters in the History of the American Industrial Enterprise*, MIT Press, 1962. (三菱経済研究所訳『経営戦略と組織：米国企業の事業部制成立史』実業之日本社、1967年)
Drucker, Peter F., *Concept of the Corporation*, Transaction Publishers, 1946. (上田惇生訳『企業とは何か』ダイヤモンド社、2005年)
Drucker, Peter F., *The New Reality*, Harper & Row Publishers, 1989. (上田惇生訳『新しい現実』ダイヤモンド社、1989年)
Friedman,Thomas L., *The World Is Flat: A Brief History of the Twenty-first Century*, Farrar,Straus and Giroux, 2005. (伏見威蕃訳『フラット化する世界（上）』日本経済新聞社、2006年)
Hofer, Charles W. & Dan Schendel, *Strategy Formulation :Analytical Concepts*,1978. (奥村昭博・榊原清則・野中郁次郎訳『戦略策定：その理論と手法』千倉書房、1981年)
Kinicki, Angelo & Brian K.Williams, *Management: An Practical Introduction*, 6th. ed., McGraw-Hill/Irwin, 2013.
Micklethwait, John & Adrian Wooldridge, *The Company: A Short History of a Revolutionary Idea*, The Modern Library, 2005. (鈴木泰雄訳『株式会社』ランダムハウス講談社、2006年)
Porter, Michael E., *The Competitive Advantage of Nations*, The Free Press,1990. (上田惇生訳『国の競争優位（上）』ダイヤモンド社、1992年)

第3章　経営理念

第1節　経営理念とは何か

「全従業員の物心両面の幸福を追求すると同時に、人類、社会の進歩発展に貢献すること。」[1]

上記は、京セラの経営理念である。企業において、組織目標を達成するためには、その目標を達成するまでのプロセスにおいて、行動様式や考え方、拠り所となるものがなければ、容易に目標を達成することなど出来ない。そのような企業行動における規範のような存在を経営理念という。

また、経営理念とは、次の2つのことについての基本的な考え方がある[2]。第1は、「組織の理念的目的」である。これは、企業は何のために存在するのかといった企業組織の存在意義を表したものである。第2は、「組織の目的や経営行動としての規範」である。特に、組織の目的については、何のために組織があるのかを明らかにしたものである。その際、企業は収益を上げるだけではなく、企業の社会的責任（CSR）を果たさなければならないとする企業の社会性を説く理念が数多く存在する。

つまり、企業や組織の存在意義は何であり、そこで従事する者は、どのように行動すれば良いかといった規範を明文化したものである。

また、経営理念が企業や組織で働く人にとって必要とされる理由として、伊丹・加護野（2003）によると、次の3点を指摘している[3]。第1は、組織で働く人々が理念的インセンティブを有しているからである。これは、人々は、正

しいと思える理念をもって働くときには、モチベーションが高まるといった理由からである。第2は、理念は、人々の行動に際しての指針を与えるからである。これは、AとBという2つの選択肢があった際、どちらを選択するかというその判断基準を理念にゆだねることで解決しようとするためである。第3は、理念は、人々のコミュニケーションを促進させるのに役立つからである。これは、理念を共有している人々において、共感が生まれ、コミュニケーションを活発に行うことによって正確に情報が伝えられるためである。

つまり、経営理念は、組織を活発にさせ、情報の共有化やコミュニケーションの円滑化によって従業員1人1人のモチベーションを高めるために必要不可欠な「拠り所」となる考え方を明文化したものである。

また、経営理念と同じような意味として扱われることの多い、社是・社訓やビジョンについても整理しておく。

社是とは、会社の考え方や方針を社会に対して示したものである。特に、顧客満足や顧客第一を社是に取り入れる、あるいは掲げているケースが多くみられる。これは、マーケティング志向の企業であることを社会に向けてアピールすることで社会（消費者）と企業との信頼関係をより一層強固なものとしたいという企業側の想いがある。具体的には、京セラでは、社是として「敬天愛人」という言葉を掲げている。これは、「常に公明正大 謙虚な心で仕事にあたり 天を敬い 人を愛し 仕事を愛し 会社を愛し 国を愛する心」[4]を意味しており、社会に対して京セラがどのような会社であるかを示している。

社訓とは、会社の訓戒という意味があり、従業員に守ってほしい事柄や心得を指している。社訓には、家長の考えが家訓に反映されているのと同様の意味があり、経営者の考えや哲学が反映されている。例えば、キユーピーでは、社訓として「道義を重んずること、創意工夫に努めること、親を大切にすること」[5]を掲げている。これは、創始者である中島董一郎氏の仕事の基本的な考え方である、1. 道義を重んずること（目先の損得ではなく、何が正しいのかを判断すること）、2. 創意工夫に努めること（公平でない結果が出た場合、道義を重んじたか、創意工夫があったかを反省すること）、3. 親を大切にすること（親孝行できる人の周囲には、好意をもっ

て接してくれる人が集まり、その会社はおのずから発展する）といった3つの考え方を従業員に向けて示したものであり、この3つの考え方を受けてキューピーの社風（企業の行動様式やスタイル、雰囲気など）が形成されている[6]。

ビジョンとは、経営理念をもとに、企業の将来像を具体的に従業員や社会に示したものである。例えば、2020年までに、〇〇事業を展開、売上高△△億円以上を目標とするなどである。経営理念が経営者の哲学・考え方であるとするなら、ビジョンは具体的な目標やあるべき姿を示したものである。また、ビジョンをもとに、年間や四半期ごとの経営戦略が策定される。

第2節　企業（経営者）と経営理念の関係

では、企業の中心的役割を果たす経営者と経営理念の関係について論じていくことにする。ここでは、経営者と経営理念の関わりと経営者が組織構成員である従業員に経営理念をどのように伝え、それは、組織の中でどう息づくのかを考えてみたい。

経営者と経営理念の関わりは、経営者そのものの考えや哲学が明文化されたものが経営理念であるため、「経営者の考え・哲学＝経営理念」といっても過言ではない。そのため、経営者の企業や経営に対する考え・哲学が凝縮して表現されるものとして理解される。

では、経営理念は、どのように従業員に伝えられるのであろうか？それは、企業によってさまざまな形で伝えられ、一様ではない。例えば、職場の見えるところに掲げているところもあれば、朝礼などで従業員が唱和する企業もあろう。また、従業員の自主的な勉強会などで経営理念について考える時間をもつ企業もあろう。

しかし、このように経営理念を従業員に浸透させる機会をもったからといって、必ずしも従業員に本当に浸透できているわけではない。それは、経営理念が単なる建前や掛け声だけに終わってしまい、組織全体に浸透し、従業員が働くモチベーションに繋がっていないことが多くみられるためである。

そこで、経営理念はどのようにすれば組織全体に浸透し、息づくのであろうか？その答えの1つとして、伊丹・加護野（2003）によると、「経営理念が本当に組織文化の一部になったとき」[7]と指摘している。つまり、経営理念が、組織文化に転化したとき、従業員のモチベーションや判断、コミュニケーションへ影響を与えることができるのである[8]。

組織文化とは、伊丹・加護野（2003）によると、「組織のメンバーが共有するものの考え方、ものの見方、感じ方である。ときには企業文化と呼ばれ、あるいは組織風土や社風といわれるものと本質的に同じであると言っていい。」[9]と指摘している。また、組織のものの考え方、感じ方については、抽象的レベルとして、組織の価値観と人々に共有されたパラダイム（世界観や認識・思考のルール）の2つがあり、また具体的レベルとして、行動規範（行動する際の暗黙のルール）があるとしている[10]。つまり、組織文化は、価値観やパラダイムといった抽象的な意味合いを組織構成員である従業員が共に物事の考え方として共有し、それが、具体的に行動規範として表出したものであるといえる。

そこで、経営理念は、組織文化として、従業員に価値観や思考で共有され、行動規範として表出されてこそ、組織の中で息づくと考え、そうならなければ、全く意味をなさないといえる。

第3節　経営理念の特徴─事例から考える─

本節では、経営理念の特徴を新潟で活躍する栗山米菓とスノーピークの2社の事例から考えてみる。

1. 栗山米菓の事例

（1）栗山米菓の概要

栗山米菓は、1947年に初代社長の栗山源太郎氏が新潟市に青果市場で澱粉工場を創業し、1949年に株式会社栗山加工所を設立したのが始まりである。その後、1964年の新潟地震によって工場が壊滅的被害を受け、現在の新崎（に

いざき）本社（新潟市）に工場を移すなどを経て、1969年に社名を株式会社栗山米菓に変更し、主に米菓の製造・販売を行う米菓メーカーとして現在3代目である栗山敏昭氏が代表取締役社長を務めている。売上高は、2013年3月期で約160億円であり、米菓シェア第1位を誇る新潟県における4大米菓メーカーの1つに数えられる。

　その栗山米菓の特徴は、広く米菓について知ってもらおうと新崎本社敷地内に2003年に「せんべい王国」を設立し、せんべいの手焼き体験を行うなど米菓のPRを積極的に行っていることにある。また、2008年10月には、同敷地内に観光施設「新潟せんべい王国」を新館リニューアルオープンするなど土産・ギフト向けの需要開拓を進めている。その後、2010年1月に企業ブランド（コーポレート・ブランド）として「Befco（ベフコ）」を導入するなど従来の米菓産業の伝統にとらわれない社風を活かした取組を行っている[11]。また、2015年2月には、新潟市に新工場「ばかうけファクトリー」が完成予定である[12]。

(2) 栗山米菓の経営理念とその特徴

　栗山米菓では、企業理念（経営理念）として次の言葉を掲げている。

　「会社に関わる総ての人々が物心共々豊かで健康に恵まれ、会社も個人も共に社会の為になり喜びをわかちあえる存在であり度い。米菓製造は太陽・大地・大河の自然の恵みをいっぱいに吸ったお米で、おせんべい・おかきを作る仕事です。私たちの働き（知恵）が商品を通じて、たくさんの人に喜んでいただける、たいへんありがたい仕事だと感謝しています。時代はますます急速に変化し、技術革新や国際化が進んでいくと思われますが、根元を忘れず、全社員が明るく仲良く、喜んで働け、社会のためになる会社を目指し、努力していきます。」[13]

　栗山米菓の経営理念の特徴は、次の3点にある。第1は、会社・個人・社会の関係性を重視し、物心の豊かさや健康を通じて社会に貢献していくことである。このような、企業の社会的貢献については、前述の通り、さまざまな企業

によって明記されている理念である。第2は、米菓企業らしさが反映された点にある。栗山米菓は、米を使ってせんべいやおかきを製造しており、作られた商品を通じて顧客満足の追求や仕事への感謝が込められている。第3は、時代の変化に対応しつつも自社の存在意義を忘れずに、足元を見て仕事をすることを通じて、従業員が共に楽しく働き、社会に役立ちたいとの願いが込められていることである。

このように栗山米菓では、米菓企業としての誇りを存在意義として、従業員とともに顧客満足や社会貢献を使命としている経営理念を掲げている。

また、栗山米菓の経営理念の浸透においては、毎週1回各事業所で早朝から行われる栗山フィロソフィの社内（自主）勉強会を開催し、自他の考えを共有することで自己啓発に努めている。特に、同会は、純粋倫理（倫理研究所創設者の丸山敏雄氏がまとめた「万人幸福の栞」という実行によって直ちに正しさが証明できる法則（すじみち）のこと）という考え方に基づいて行われており、経営理念の浸透にその考え方が活かされている[14]。

2. スノーピークの事例

(1) スノーピークの概要

スノーピークは、新潟県三条市に本社をもつ、登山・キャンプなどのアウトドア用品の製造・販売を行う企業である。特に、ナチュラル・ライフスタイルの創造を目指し、本格的なアウトドア用品を扱う。また、オートキャンプ（SUV【スポーツユーティリティー・ビークル】に乗り、移動して行うキャンプ）スタイルを提唱している企業でもある[15]。

スノーピークは、1958年7月に初代社長の山井幸雄氏が金物問屋「山井幸雄商店」を創業したのが始まりであり、翌年の1959年には、オリジナル登山用品の開発・販売を開始した。また、1963年に現在の社名である「スノーピーク」を商標登録し、翌年には、有限会社山井商店を設立し、法人組織化を行っている。また、釣具ブランド「カープ」を商標登録し、フィッシング業界に参入することで本格的アウトドアレジャーのメーカーとして飛躍していくことに

なる。1986年に現社長の山井大氏が入社し、アウトドアの新たなライフスタイルを提案する「オートキャンプ」を提唱し、スノーピークをオートキャンピングブランドとして、リニューアルを開始した。翌年の1987年には、スノーピークの代表商品であるマルチスタンド（アウトドアで使用できるクーラーや調理材料、ポリタンクなどを置くことが出来るスタンド）を発売している。また、1996年、山井大氏が社長に就任し、株式会社スノーピークに社名を変更するとともに、本格的にフライフィッシング事業にも参入した。山井氏は、アウトドア用品の開発・販売にとどまらず、顧客との関係性を強めるキャンプイベントである「Snow Peak Way」を1998年から開始し、現在に至っている。このイベントでは、「焚火トーク」（焚火を囲みながら製品やアウトドアの楽しみ方について顧客と語らう）といった企業と顧客がともに語らう場を提供することで企業と顧客の信頼関係を構築することに役立てている[16]。

　また、スノーピークのユニークな特徴の１つに永久保証制度がある。これは、スノーピークが開発・販売した製品には、保証書をつけないといったユニークな製品保証制度である。特に、製造上の欠陥が原因の場合は、無料で修理または交換するとともに、そのほかの場合も、適正価格で修理するといった形で製品に対する永久保証を付けている[17]。これにより、製品に対する絶対的な自信を顧客に伝えるとともに顧客との信頼関係を強固なものとしている。

(2) スノーピークの経営理念とその特徴

　スノーピークでは、経営理念（企業理念）として次の言葉を掲げている。
　「私達スノーピークは、一人一人の個性が最も重要であると自覚し、同じ目標を共有する真の信頼で力を合わせ、自然志向のライフスタイルを提案し実現するリーディングカンパニーをつくり上げよう。私達は、常に変化し、革新を起こし、時代の流れを変えていきます。私達は自らもユーザーであるという立場で考え、お互いが感動できるモノやサービスを提供します。私達は、私達に関わる全てのモノに良い影響を与えます。」[18]
　また、スノーピークでは、上記の経営理念をミッション・ステイトメント「The

Snow Peak Way」として表現しており、その実現に向けて製品開発、ものづくり、販売を実践している[19]。

　スノーピークの経営理念の特徴は、次の3点にある。第1は、従業員に向けて、仲間意識を育むとともに、自然志向のライフスタイルを提案するというリーディング・アウトドア専門企業らしさが表現されている点にある。第2は、「常に変化し、革新を起こし、時代の流れを変えていきます」といった表現に見られるように、イノベーション（革新）を意識した企業であることが窺える点にある。第3は、従業員自らもアウトドア用品のユーザーの1人として、ユーザーの立場で考え、行動することで、お互いが感動できるモノやサービスを提供できるとともに、そのことがすべての物事に良い影響を与えるとする点にある。

　このように、スノーピークでは、自らの企業の存在意義を明確にし、常にイノベーションを生み出すリーディング・アウトドア専門企業としての自覚をもち、従業員自らも1ユーザーとして振る舞うことで、関係するすべての人との感動を共有し、そのことが、物事に良い影響を与えるとする考え方を従業員に示した経営理念であるといえる。

　また、このような経営理念の浸透には、前述したキャンプイベントである、「Snow Peak Way」の開催時や朝礼などを通じて行われている[20]。

第4節　経営理念が"経営"を変える

　経営理念は、これまで述べてきたように、企業の根本的な考え方や行動様式を決める"ものさし"のようなものであるため、企業組織は、経営理念に基づき形成され、運営されている。また、経営理念は、従業員に経営者の一挙手一投足から伝えられ、それが社風や組織文化となって表出されるのである。

　つまり、経営理念とは経営者の考え方そのものであり、経営者の哲学つまり経営哲学が反映されたものとなる。

　経営の良し悪しは、経営者のリーダーシップに大きく影響する。もちろん、従業員からのボトムアップによって経営が劇的に変わることもある。しかし、

その変化も従業員が経営者の姿勢や考え方に共感すればこそ生じるものである。

そのため、経営者は、常に自身の考えや理念を従業員に伝えていかなければならない。そうすることで従業員に浸透し、その考え方が社風や企業文化を形成し、従業員の行動、ひいては企業業績にも大きな影響を与える。

つまり、経営理念が"経営"を変えるといっても過言ではない。企業は、経営者の考えや哲学である経営理念を明示することはもちろんのこと、それを従業員に伝え、その考え方や哲学をもとに社風や企業文化を形成させることを通じて、企業としての経営の在り方を考えていく必要がある。なぜなら、企業活動の成否は、従業員のモラール（士気）や考え方、行動によって決まるからである。つまり、企業の収益は、経営資源（ヒト・モノ・カネ・情報）のうち、そこで働くヒトからしかもたらしえないのである。

注
1) 京セラグループについて / 社是・社訓 http://www.kyocera.co.jp/company/philosophy/index.html（2014年8月3日アクセス）。
2) 伊丹敬之・加護野忠男『ゼミナール経営学入門』第3版、日本経済新聞社、2003年、347ページ。
3) 同上書、347-348ページ。
4) 京セラ、前掲ホームページ。
5) キューピー / 企業理念 http://www.kewpie.co.jp/company/corp/philosophy/index.html（2014年8月3日アクセス）。
6) 同上ホームページ。
7) 伊丹・加護野、前掲書、349ページ。
8) 同上書、349ページ。
9) 同上書、349ページ。
10) 同上書、350-354ページ。
11) 拙稿「魅力ある地域企業経営 - 新潟県 -」伊部泰弘・今光俊介編著『事例で学ぶ経営学』五絃舎、2012年、91ページ、および三菱商事食品グループ / 株式会社栗山米菓 / http://www.mcmfg.jp/kuriyama.html(2014年8月17日アクセス)。
12) 栗山米菓 / 新工場「ばかうけファクトリー」建設のお知らせ

http://www.kuriyama-beika.co.jp/?p=23079（2014 年 8 月 17 日アクセス）。
13）栗山米菓 / 会社情報企業理念 http://www.kuriyama-beika.co.jp/?page_id=38（2014 年 8 月 17 日アクセス）。
14）栗山米菓 / 会社情報フィロソフィ（考え方）http://www.kuriyama-beika.co.jp/?page_id=40（2014 年 8 月 17 日アクセス）。
15）スノーピーク / 会社情報 http://www.snowpeak.co.jp/about/company.html(2014 年 8 月 17 日アクセス) および山井太著・日経トップリーダー編『スノーピーク「好きなことだけ！」を仕事にする経営』日経 BP 社、2014 年、11 ページ。
16）スノーピーク / 会社沿革 http://www.snowpeak.co.jp/about/05history.html（2014 年 8 月 17 日）および同上書、31、51 ページ。
17）スノーピーク / 保証制度 http://www.snowpeak.co.jp/about/08guarantee.htm（2014 年 8 月 17 日）および同上書、56-57 ページ。
18）スノーピーク / 企業理念 http://www.snowpeak.co.jp/about/01missionstatement.html(2014 年 8 月 17 日アクセス)。
19）山井太、前掲書、10 ページ。
20）同上書、30、162-163 ページ。

参考文献
今光俊介「企業の経営戦略」髙木直人編著『経営学入門』五絃舎、2014 年、103-112 ページ。
佐々木直『社是・経営理念論』中央経済社、2014 年。
社会経済生産性本部『ミッション・経営理念 [社是社訓第 4 版―有力企業 983 社の企業理念・行動指針―]』生産性出版、2007 年。

第4章　コーポレート・ガバナンス

第1節　企業の所有者は

　企業は誰のものか、支配するのは誰か、経営者に対する監視を機能・強化させるためにコーポレート・ガバナンス（corporate governance）は関心を集め、企業にとって重要な課題となっている。コーポレート・ガバナンスは、企業の不正行為の防止だけではなく、競争力・収益力の向上の視点でも捉えて、長期的な企業価値の増大に向けた企業経営の仕組みをいかに構築するかという問題である。

　企業におけるコーポレート・ガバナンスの問題は、近年議論されるようになった新たなテーマではない。コーポレート・ガバナンスは，法律学者 A. バーリと経済学者 G. ミーンズが 1932 年に発刊した "The Modern Corporation and Private Property" で、既にアメリカにおける株式会社の大規模化における経営者支配の現実、「所有と経営の分離」に対する実態と課題を指摘しているので、コーポレート・ガバナンスは大企業が生成したと同じ長さの歴史をもつテーマであるともいえる。

　古くて新しいテーマであるコーポレート・ガバナンスは英米型、ドイツ型、日本型などに分類されるが、本章では、日本におけるコーポレート・ガバナンスの捉え方を中心に、必要性を問われるようになった背景、コーポレート・ガバナンス強化手法、また今、検討が始まったコーポレート・ガバナンス・コードなどを中心に取り上げる。

第2節　コーポレート・ガバナンスとは

「企業統治」と訳されることが多いコーポレート・ガバナンスは、企業の経営（経営者）を監視する仕組みのことで、神田は、「コーポレート・ガバナンスというのは、一言で言えば、主として大企業において、その経営をチェックする仕組みをどのように企業のなかに築き上げるかという議論である。」、伊丹らは「コーポレートガバナンスとは，企業の経営者に対するチェックのことで，規律づけと任免を含む」と定義している[1]。

一部の経営者による独断的な経営、行き過ぎた利潤追求による反社会的な経営を行わないように企業のなかの全組織における企業倫理の逸脱を防ぐこと、また、経営者による意思決定が企業にとって有益な価値を創造する判断であるかを管理し統制する仕組みのことである。

1980年代後半、アメリカではコーポレート・ガバナンスに関する議論が活発になされたが、当時は、株主の利益保護の観点から経営者の監視を目的に議論が展開されていた。そして現代、再びコーポレート・ガバナンスに関する議論が活発化している主な社会的背景は、一つ目に、機関投資家を中心とする「物言う投資家」が増えてきたこと、二つ目に経営者が独断的に株主を軽視した意思決定を行ったことによる不祥事が多発したことがある。企業倫理の逸脱を防ぎ経営者や企業ぐるみの不正を防止することを目的にコーポレート・ガバナンスへの関心が高まり議論が展開されている。一つ目の、機関投資家を中心とする「物言う投資家」が増えてきたのは、情報技術が革新しグローバルな経営が可能となったからである。企業の規模を大きくし事業を拡げるためには多くの資金を調達しなければならず、企業は株式上場あるいは店頭公開することで国境の垣根なく各国の投資家から資金を集めて、そして投資家は譲渡を繰り返している。企業の資金調達先と投資家らの活動がグローバルに広がったことは、「企業は株主のものであり、取締役はその代理人である」というアメリカを中心とする諸外国で定着している株主重視のコーポレート・ガバナンスの志向を

もつ株主を各社が多く有することとなり、これらの志向を日本企業においても有することを強く求められるようになった。

　二つ目の、経営者が独断的に株主を軽視した意思決定をしたことにより社会的に大きな波紋を投げた事例は、粉飾決算に代表される会計不正、生命保険会社による保険金未払い、自動車製造業者によるリコール隠ぺい、食品製造業者による産地や賞味期限偽装、建設業者による耐震強度偽装をはじめ非常に多い。これらに代表される激化する市場競争下で生き残るために経営や株価の業績を上げることを優先しすぎて企業倫理を逸脱した誤った経営判断により、企業そして株主をはじめとするステークホルダーが受けたダメージの大きさは計り知れない。

　次節ではそのなかの一つ、アメリカ企業エンロン社が巨額の損失を簿外取引によって粉飾決算を行っていた事が明らかとなり破たんし、コーポレート・ガバナンス強化の必要性を世界中に確信させた「エンロン事件」について紹介する。

第3節　アメリカにおける粉飾決算事件「エンロン事件」

　エンロン事件とは、2001年10月に発覚したアメリカの多角的大企業エンロン社（Enron Corporation）による巨額の粉飾決算等の不正会計が発覚した事件のことである。

　エンロン社は、1985年にエネルギー会社として発足し、また、積極的にデリバティブやキャッシュ・フロー経営を取り入れながら、安定経営を行っている先駆的企業として認識されていた。その後、エネルギー業界の規制緩和の波にのり、ブロードバンドビジネスや天候デリバティブ取引も手がけるなど総合エネルギー取引とITビジネス企業として2000年度には売上高1,110億ドルをあげるまでの大企業に成長した。

　しかし、1990年代後半には、取引の実態が無いにもかかわらず、同じ電力に対して同量の売りと買いを発生させて売上を水増しする取引や空売りなどに

より売上・利益を確保していたことが明らかになっている。また、2000年夏から翌年にかけて、カリフォルニア電力危機と呼ばれるカリフォルニア州で停電が多発して需要が非常に高い市場環境下を、同社は電気の値段を吊り上げて利潤を増やす好機と捉えて電気の供給を止めるなど、倫理観を欠いた経営判断が行われていたことも後に明らかになっている。

　2000年8月時点のエンロン社の株価は90ドルを超えており、その後も130～140ドル程度まで上昇すると見通す声が大きく、年金基金など堅実とされていた投資主体も疑念を抱くことなくエンロン社の株や債券をポートフォリオに組み入れていた。しかし、2001年10月にウォールストリート・ジャーナルがエンロン社による特定目的会社を使った簿外取引で利益を水増し計上する不正をはじめとする不正会計疑惑を報じたことで事態は一変、エンロン社の株価は暴落し、12月に連邦倒産法第11章適用を申請してエンロン社は経営破たんした。

　エンロン社自体の損失額の大きさもさることながら、エンロン社の株や債券に投資していた投資家、401kプランに組み入れていた従業員などの数が非常に多かったために、これらステークホルダーが失った資産額や抱えることとなった損失額は巨額となり社会問題となるほどエンロン社による不正会計が落とした影は甚大であった。

　エンロン社による不正会計が明るみに出た後、同社を担当していた大手監査法人アーサー・アンダーセンも事件に関与していたとして解散を余儀なくされたほか、大企業による不正会計が次々と明らかとなったことでエンロン社の経営破たんだけにとどまらず一国の事件として捉えられ、この事件を契機に、アメリカではコーポレート・ガバナンスが強く問われることになった。エンロン社が経営破たんした翌2002年、企業の不祥事に対する厳しい罰則を盛り込んだ「サーベンスオックスレー法（SOX法）」が制定されたのも、この事件が契機となっている。

第4節　日本的経営とコーポレート・ガバナンス

　従来の日本経営においては、「企業は経営者と従業員のもの」である考え方が一般的であり、浸透していた。そのようななか、資金調達を目的に行う株式上場あるいは店頭公開などにおいても、関係性の強い金融機関や企業間で株式の一部を長期的・安定的に持ち合う株式持ち合い関係を構築し、株主による支配権を互いに放棄することを慣例化しているために、株式会社の特徴である「所有と経営の分離」は建前となっているケースが多く存在してきた。

　株式を持ち合うことは、敵対的買収など企業の乗っ取りを防いだり、革新的な事業に対する投資を容易にしたり、持ち合っている企業や金融機関との関係性を強化したりするメリットがある一方で、経営者が独断的な意思決定を下しやすく、また、株主によるチェック機能が働かないなどのデメリットがある。よって、日本におけるコーポレート・ガバナンスは、株主総会において選出された取締役によって構成される取締役会と経営者が一元化されていることが多いのが実態である。意思決定に大きな影響を与えることができる大株主がいない限り、経営者が企業の最高意思決定を行い、現経営者が次期経営者を任命する「経営者支配」と呼ばれる企業支配が行われている。経営者による企業支配下においては、会長、社長、専務、常務（取締役）など株主に選出された取締役らの役職も、係長、課長、部長など企業内の役職の延長線上にある役職として捉えている従業員が多い。

　アメリカやドイツなどにおけるコーポレート・ガバナンスにおいては、常勤の取締役とは異なり、社内のしがらみや利害関係に縛られない社外取締役をおくことで、株主の利益という視点で常勤の取締役の業務執行を監督することが多いが、日本においては社外取締役が存在しない、あるいは存在していても形骸化していることが多い。取締役や会計参与らの職務執行について業務監査や会計監査をすることを任務とする監査役も経営者が選出し本来の機能を果たしていないために、バブル景気崩壊後には多くの企業が巨額の損失を隠蔽したま

ま経営破たんするケースが多く生じた。

　これらのように日本の企業経営において経営者支配によるものが大きい理由には、戦後の高度経済成長を成し遂げた日本独自の経営手法がある。諸外国から驚かれるほどに戦後急速に経済成長を遂げた日本企業における経営は注目を集め多くの経営学者らによって分析・研究される対象となったが、なかでも日本企業における経営手法の特徴を記したJ. アベグレン（James Christian Abegglen）の著書『日本の経営』（1958年）は有名である。OECDの「対日労働報告書（1972年）」でも紹介され、急速な経済成長の源には「終身雇用」、「年功序列」、「企業別労働組合」という欧米諸国とは異なる日本的経営があると指摘している。

　これら日本的雇用慣行を示す3つの特徴は「日本的経営の3種の神器」と称されたが、その他にも、株式持合い関係、メインバンク制、企業グループの形成を特徴とする依存的な関係を構築している企業間関係、官民協調や業界団体内で調整をはかろうとする競争排除的市場の構築、緩い企業会計原則と限定的に行われる情報公開なども日本的経営の特徴として指摘されている。また、これらの特徴は、バブル経済の崩壊まで続いてきた特徴でもある。

　長年経済成長をもたらすことに成功してきた日本企業の経営手法において、株主は「物言わぬ株主」となり、最高意思決定機関である株主総会は形骸化したものになっていた。株主に選出された取締役らで構成する取締役会、取締役会で選任される代表取締役も、実質的には代表取締役である社長らによって社内から選ばれた取締役で構成されてきた。

　企業経営が企業間で依存的な関係を構築している日本企業においては、メインバンクが長期的・安定的に株式を保有するだけではなく、人事交流をしたり、融資・投資先でもある企業の健全性や収益性を審査したりすることでメインバンクが企業を監視する役割を担っていた。更に、企業が経営不振に陥った場合には、再建に向けた経営支援まで行うため、メインバンク制による企業の監視が、日本型コーポレート・ガバナンスであると捉えられていた。

　企業グループを形成することもグループ内でグループ内企業に対する監視が働き、競争排他的といわれる業界団体内で調整をはかることも業界団体による

民民規制（企業間規制）は働いていたことから日本型コーポレート・ガバナンスの役割を果たしていたと捉えることができる。

　1980年代からバブル景気に突入していた1990年代にかけて、日本企業の経営を取り巻く環境は大きく変化した。株式持ち合い関係の解消が進んだり、形成していた企業グループが希薄となったり解体したり、資金需要の環境が激変したために企業に金融機関が関与できる力は薄くなり、日本型コーポレート・ガバナンスとして機能してきたメインバンク制による監視機能が働かなくなった。更に、緩い企業会計原則と限定的に行われていた情報公開の体制は、企業経営の失敗を覆い隠すことを容易として粉飾決算をしやすい環境となっていた。

　そして迎えたバブル崩壊によって、金融機関が不当な融資を行っていたために大量の不良債権を発生させたことが判明したほか、企業が総会屋への利益供与を行っていたり、粉飾決算をしたりするなど多くの企業不祥事が判明したことを受けて、経営者に対する監視を機能・強化させる目的としたコーポレート・ガバナンスが日本でも注目されるようになった。

第5節　会社法とコーポレート・ガバナンス

　商法、商法特例法、有限会社法と複数の法律にまたがって規定されていた会社に関する法規定を一つにまとめた会社法が2005年に制定され翌2006年1月より施行された。この新会社法にはコーポレート・ガバナンスに関する措置も含まれている。

1.　会社法

　資本金5億円以上または負債200億円以上の大会社に対しては、①取締役の職務執行が法令や定款に適合するかなど業務の適正を確保するため体制（内部統制システム）の構築に関する基本方針を義務づけること、②株主総会における取締役の解任決議要件を特別決議から普通決議に緩和すること、がある。

　中小企業に対しては、①会社の規模にかかわらず、監査役は業務監査権限を

有するものとし、業務監査権限を有する監査役が置かれていない会社については、株主による取締役の違法行為に対する差止請求権の行使要件を緩和することなど株主が会社の業務執行を直接監督する仕組みを設けること、②会計参与制度の創設など、計算書類の適正性を確保するための仕組みを設けること、があり適正なコーポレート・ガバナンス確保を目指す措置が講じられた。

また、この新会社法の下で株式会社は、トップ・マネジメント組織のあり方として、従来型の取締役会設置会社のほか、委員会設置会社、非取締役会設置会社を選択することが可能となった。

2. 委員会設置会社

2003年4月に施行された株式会社の監査等に関する商法の特例に関する法律（商法特例法）の改正により委員会等設置会社として委員会設置会社に相当する制度は導入されたが、当時は大会社ないしみなし大会社しか導入できなかったこともあり極めて限られた数しか委員会設置会社とならなかったため、新会社法では委員会設置会社と名称を変更して引き継がれ、定款に委員会を置く旨の定めを設ければ企業規模を問わず委員会設置会社となることができるように改正された。

委員会設置会社には、複数の社外取締役の選任が義務付けられ、取締役会のなかに①指名委員会、②報酬委員会、③監査委員会の3つの委員会を設置しなければならない。また、これら3つの委員会は3人以上で構成され、かつその過半数は社外取締役が占めなければならないとすることで社外の視点で厳正に管理・監督することが可能な機関としている。

①指名委員会

取締役の選任や解任についての議案を決定する権限をもち、本委員会の決定は取締役会で覆すことはできないため、取締役を決定する際に社長をはじめとする経営者の介入を防ぐことが可能となる。

②報酬委員会

取締役や会計参与、執行役の一人ひとりの報酬等を厳正に決定する任務をつ

かさどる機関である。
③監査委員会
　取締役と執行役が施行した職務についての監査、会計監査人の選任・解任の議案を決定する権限をもつ。なお、監査委員会の委員のみ指名委員会や報酬委員会の委員とは異なり、委員会設置会社の執行役、業務執行取締役または子会社の執行役、業務執行取締役、会計参与、支配人その他の使用人を兼任することができず、監査役設置会社における監査役と同じとされている。
　コーポレート・ガバナンス強化手法には、株主総会や取締役会、監査役会等の組織構、取締役会、監査役会等構成員の選任方法、取締役、監査役等に対する報酬の決定方法、経営状況の監査の仕組み、株主への情報開示の仕組み等の制度のあり方、など様々なアプローチからの検討が進んでいる。

第6節　コーポレート・ガバナンス強化に向けて

　社外取締役に関して、いわゆる Comply or Explain（遵守せよ、さもなければ説明せよ）方式の制度が盛り込まれた「会社法の一部を改正する法律案」が2014年に可決2015年上半期中の施行が見込まれている。ここでは、社外取締役を置いていない場合は、定時株主総会において社外取締役を置くことが相当でない理由を説明しなければならないこととされたり、社外取締役等の要件等を改めたりするほか、株主総会に提出する会計監査人の選解任等に関する議案の内容は、監査役（監査役会設置会社にあっては、監査役会）が決定することとなるなど、企業統治の存り方と親子会社に関する規律が見直されている。
　また、同年5月に日本経済再生本部が公表した「日本再生ビジョン」では、強い健全企業による日本再生を実現するため、企業の収益性と生産性を向上し国際競争力と勢いを取り戻すための具体策として、企業間の株式持ち合いの解消やコーポレートガバナンス・コードの制定などに関する提言がなされるなど、日本におけるコーポレート・ガバナンス強化に向けた整備が進んでいる。

1. Comply or Explain 方式とは

　Comply or Explain は、「会社法の一部を改正する法律案」、「日本再生ビジョン」にも導入を目指して明記されていたルールである。「遵守せよ、さもなければ説明せよ」と直訳されるこのルールは、規範を遵守しない場合は、その不遵守の理由を説明することが強制される開示規制で、単なる努力義務規定に比べて一段と遵守に対する圧力がかかるものである。

　Comply or Explain 方式は、企業が開示した不遵守の理由に基づいてステークホルダーが企業評価を行う流れを生むことで規範の実効性が担保されることが期待されているほか、多様な企業の特徴を考慮して不遵守の理由をステークホルダーに対して説得力ある説明を実施することで納得を得られれば企業の判断を尊重する柔軟性も有している。

2. 日本版スチュワードシップ・コードとは

　2013 年、アベノミクスの「第三の矢」である「日本再興戦略」において、企業の持続的な成長を促す観点から、機関投資家の果たすべき行動原則（日本版スチュワードシップ・コード）を取りまとめることが閣議決定され、2014 年 2 月金融庁より「『責任ある機関投資家』の諸原則《日本版スチュワードシップ・コード》」が公表された。

　スチュワードシップ責任とは、機関投資家が、対話を通じて、投資先企業の企業価値向上や持続的成長を促すことにより、顧客・受益者の中長期的な投資リターンの拡大を図る責任を意味し、スチュワードシップ責任を適切に果たすための行動原則等を定めたものが、「日本版スチュワードシップ・コード」[2]である。機関投資家が投資先企業の企業価値向上や持続的成長に向けて適切に責任を果たすために、投資先企業の状況を的確に把握することや、建設的な目的をもった対話を行う活動「スチュワードシップ活動」を行う上で、果たすべき責任に係る基本方針のことをスチュワードシップ・コードと呼ぶ。

　法令とは異なり法的拘束力はないが、機関投資家が各々の状況に応じた自らのスチュワードシップ責任を果たすことが期待されるところであるが、既に日

本版スチュワードシップ・コードの受入れは、信託銀行・保険・年金基金・議決権行使助言会社など多岐に機関投資家に及んでいる。

3. 日本におけるコーポレートガバナンス・コード導入について

2014年5月23日に自由民主党日本経済再生本部が発表した「日本再生ビジョン」において、「わが国の企業が低い収益性と生産性を克服し、世界に冠たる国際競争力と勢いを取り戻すために、政府、政治が、企業が自ら競争力を強化しようと全力を発揮し易くし、潜在力を発露させるべく自律的に努力することを容易にする環境整備を行うことが、極めて重要である。その具体策として、企業間の株式持ち合いの解消・抑制策導入と、独立社外取締役の導入促進、コーポレートガバナンス・コードの制定とその具体的な内容などについて、従来よりも一歩も二歩も踏み込んだ提言を行う」[3]と、投資先企業の規範となるコーポレートガバナンス・コードの制定を提言した。

コーポレートガバナンス・コードとは、コーポレート・ガバナンスについて、上場企業が目指すべきベストプラクティスの行動基準のことである。この行動基準に対して遵守を義務化している国は少なくComply or Explain方式が適応されている。第6節の2で示したスチュワードシップ活動を効率的に行うためには、コーポレートガバナンス・コードが制定され投資先企業が遵守していることが望ましいことから、スチュワードシップ・コードとコーポレートガバナンス・コードは車の両輪のような役割を果たすものである。

日本企業におけるコーポレート・ガバナンスの仕組みが構築され機能することで、企業の不正行為が無くなり、企業の競争力・収益両区が向上し企業業績が向上することが期待されている。

注
1) 神田秀樹『会社法入門』岩波書店、2006年、27ページ、伊丹敬之・加護野忠男著『ゼミナール経営学入門』第3版、日本経済新聞社、2004年、551ページ。
2) 日本版スチュワードシップ・コードは、次の7つである。1.機関投資家は、スチュワードシップ責任を果たすための明確な方針を策定し、これを公表すべきである。2.機

関投資家は、スチュワードシップ責任を果たす上で管理すべき利益相反について、明確な方針を策定し、これを公表すべきである。3.機関投資家は、投資先企業の持続的成長に向けてスチュワードシップ責任を適切に果たすため、当該企業の状況を的確に把握すべきである。4.機関投資家は、投資先企業との建設的な「目的を持った対話」を通じて投資先企業と認識の共有を図るとともに、問題の改善に努めるべきである。5.機関投資家は、議決権の行使と行使結果の公表について明確な方針をもつとともに、議決権行使の方針については、単に形式的な判断基準にとどまるのではなく、投資先企業の持続的成長に資するものとなるよう工夫すべきである。6.機関投資家は、議決権の行使も含め、スチュワードシップ責任をどのように果たしているのかについて、原則として、顧客・受益者に対して定期的に報告を行うべきである。7.機関投資家は、投資先企業の持続的成長に資するよう、投資先企業やその事業環境等に関する深い理解に基づき、当該企業との対話やスチュワードシップ活動に伴う判断を適切に行うための実力を備えるべきである。

　日本版スチュワードシップ・コードに関する有識者検討会「責任ある機関投資家」の諸原則《日本版スチュワードシップ》〜投資と対話を通じて企業の持続的成長促すために〜」2014年、6ページ。
3)　自由民主党日本経済再生本部『日本再生ビジョン』2014年、15ページ。

【参考文献】

伊丹敬之・加護野忠男『ゼミナール経営学入門〔第3版〕』日本経済新聞社、2004年。
江川雅子『株主を重視しない経営』日本経済新聞出版社、2008年。
海道ノブチカ・風間信隆『コーポレート・ガバナンスと経営学　グローバリゼーション下の変化と多様性』ミネルヴァ書房、2009年。
加護野忠男・砂川伸幸・吉村典久『コーポレート・ガバナンスの経営学　企業統治の新しいパラダイム』有斐閣、2012年。
神田秀樹『会社法入門』、岩波書店、2006年。
栗原脩『コーポレートガバナンス入門』一般財団法人金融財政事情研究会、2012年。
経営能力開発センター『経営学検定試験公式テキスト①経営学の基本』中央経済社、2009年。
自由民主党日本経済再生本部『日本再生ビジョン』2014年。
土屋守章・岡本久吉『コーポレート・ガバナンス論ー基礎理論と実際』有斐閣、2003年。
平田光弘『経営者自己統治論ー社会に信頼される企業の形成』中央経済社、2008年。
法務省「会社法の一部を改正する法律案」要綱、http://www.moj.go.jp/MINJI/minji07_00138.html。

吉村典久『日本の企業統治』NTT出版、2007年。
吉村典久『会社を支配するのは誰か』講談社、2012年。

第5章　経営組織

第1節　組織とは

　現代社会には、多種多様な組織が存在している。組織には、企業、学校、病院、市町村役場、警察、消防などがある。組織が存在するには、必ずその理由が考えられる。その理由は、その組織が設立された大きな目的にある。学校であれば「教育」を、病院であれば「治療」を、市町村役場であれば「市民の支え」を、警察であれば「治安」を、消防であれば「災害」などを目的としている。それぞれの組織には目的が必ずある。

　しかし、組織とはいったい何であろうと考えた場合、まだまだ理解が難しい。その悩みを解決してくれるのがバーナード（Chester Irving Barnard）であろう。まずは、組織を理解するために、バーナード理論についてみてみることとする。

第2節　組織とバーナード理論

　バーナードは主書である『経営者の役割』の中で、組織の本質について説明している。この説明が、組織を理解する場合にもっともわかり易く明確である。

　バーナードは、組織はどのような状況でできるのかを示し、「人間は自由な意思を持ち、自由に行動する」との考えから組織の理論を組み立てている。バーナードの考えでは、「二人以上の人が集まった集団」を組織と定義し、組織ができ上がるための要素として、「共通目的」「貢献意欲」「コミュニケーション」

の3つを挙げている。

「共通目的」とは、組織には目的がなければならない。目的が明確ならメンバーは組織のためにどんな協力をすればいいのかを理解できる。更に、各人が分担して仕事を行うことができるようになる。すなわち、組織に参加するメンバーは、その目的をしっかりと理解していることが大切であるとしている。

「貢献意欲」とは、組織に参加するメンバーは、組織のために頑張ろうとする意欲をもたなければならない。また、自分が働いた以上に評価（給料など）がある場合は、意欲が高くなるか現状が維持される。しかし、自分が働いたことへの評価が低い場合は、意欲は現状維持ができずにほぼ低下する。このように、組織から与えられた評価は、組織に参加する人への「貢献意欲」を左右する役目をはたすとしている。

「コミュニケーション」とは、組織に参加する人にとって、それぞれの考え方や意思を伝達することによって、他の意見や情報を交換し、他の考え方や意思を理解するために必要である。すなわち、「コミュニケーション」には、組織の目的を理解させる役割や貢献意欲を高める役割がある。

更に、バーナードは、組織を存続させるためには、「内部均衡」と「外部均衡」の2つが必要だと考えた。

「内部均衡」とは、組織に参加するメンバーの労働意欲の減少や能率低下がおこらないようにすることである。すなわち、「共通目的」「貢献意欲」「コミュニケーション」の三要素のバランスを保ちながら、組織に参加する人の労働意欲を引き出すことにある。

そもそもバーナードは、「人間は自由な意思を持ち、自由に行動する」との考えから、自分の目的のために行動する人間がいて当たり前と考えている。現実には、労働者は働いて給料をもらうことが個人の目的になっている。個人の目的と組織の目的が共通目的であれば問題ないが、少し目的には違いがある。その違いを埋めるために、労働者が頑張ってくれた時には、組織から褒美を出し、労働意欲が下がらないようにすることが大切としている。

「外部均衡」とは、組織の外側にある環境とのバランスである。組織の目的

は外部環境とバランスを保てなければならず、このバランスを保つことによって、組織は有効なものとなり、目的達成の可能性が高くなる。

逆に、組織は外部環境とのつながりを必ずもっているために、もし、組織が外部環境に受け入れてもらえなくなれば、組織の目的達成は不可能となる。いくら内部環境が素晴らしい組織でも、外部環境が悪ければ組織の目的を達成することはできない。

このように2つの「内部均衡」と「外部均衡」は、組織を維持していくためには大切な条件になる。組織の目的を達成した時には、メンバーは組織から褒美を与えられ、結果的には、その褒美が労働者の貢献意欲を引き出すことになる。

第3節　組織の諸形態

経営学では特に、企業組織を取り上げて研究がなされている。企業組織の中でも、私たちと関連が深い製造業を考える場合が多い。この章では、基本的に製造業を取り上げている。

また、組織と戦略には深い関係が存在している。チャンドラー（Alfred DuPont Chandler Jr.）は「組織は戦略に従う」といい、アンゾフ（H. Igor Ansoff）は「戦略は組織に従う」とそれぞれが定義している。チャンドラーのいう組織は、組織構造（外部環境や事業特性、戦略などを考慮して設計された組織の形態）を意味し、アンゾフのいう組織は、組織文化（組織のメンバーが共有するものの考え方、ものの見方、感じ方）を意味している。

すなわち、チャンドラーもアンゾフも、戦略目標を達成するために組織は重要であると考えていたことに間違いない。

企業組織が、その戦略目的を達成するために必要とする組織には、どのような組織形態が考え出されているのであろう。その組織形態について知っておくことが、経営組織を理解するうえでもっとも基礎的であり、もっとも大切なことである。

では、代表的な組織の基本形態をみてみよう。現実の組織形態には数多くが存在する。しかし、ここでは、一般的な組織形態として取り上げられることが多い、①ライン組織、②ファンクショナル組織、③ライン・アンド・スタッフ組織、④プロジェクト組織、⑤職能別組織、⑥事業部制組織、⑦マトリックス組織、⑧ネットワーク組織、⑨フラット組織について説明する。

この9種類の組織形態こそ、組織を理解するうえで、経営学を学ぶのであれば最低限度知っておくべきである。

そこで、これらの特徴をできる限りわかり易く簡潔にまとめた。また、図を必要とする組織形態には、基本的な組織図を示しながら説明している。

①ライン組織

上から下への命令系統によって結ばれている組織で、部下は直属の上司からの命令を受け取る。一つの命令系統であるため、上司から部下に対する命令内容によって結果に大きな違いが生じる場合もある。すなわち、上司の能力によって、その結果に大きな違いが生じやすい。

図5-1　ライン組織

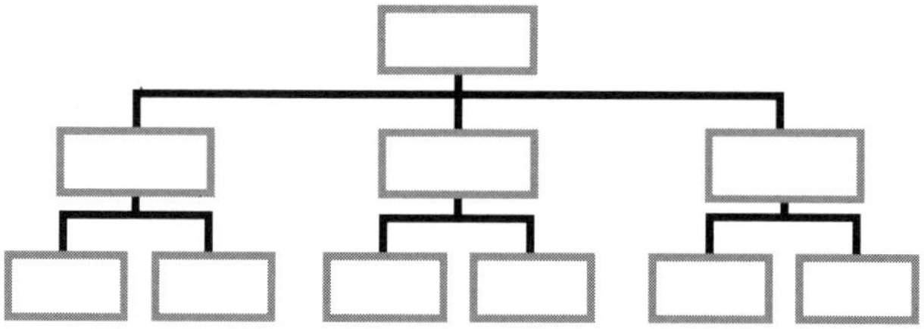

②ファンクショナル組織

テイラーが提唱した、職能的職長制度に基づく組織で、部下には職能別に上司が存在し、職能に基づいた命令を受ける。この組織では、職能分化によって職能別に管理者がいるので、管理者の負担が軽減される。しかし、命令系統が複雑になるため、命令に重複や矛盾が生じやすい。すなわち、期待した結果

と、そうでない結果が生まれてしまうこともある。

図 5-2　ファンクショナル組織

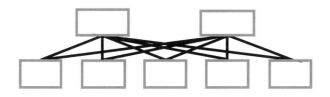

③ライン・アンド・スタッフ組織

　ライン組織とファンクショナル組織の長所を取り入れた組織で、ライン組織の命令の統一性を保ち、更には、ファンクショナル組織の専門化の利点を生かすために考えられた。ライン組織の命令の統一性を保つことと、ファンクショナル組織の専門化の利点を生かさせることのバランスを保つことができるかによって、その組織の機能には大きな影響がある。

図 5-3　ライン・アンド・スタッフ組織

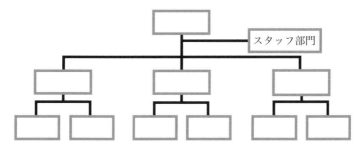

④プロジェクト組織

　特定のプロジェクトを実行するための一時的な組織である。この組織は、必要な経営資源である「ヒト」「モノ」「カネ」「情報」を社内横断的に集めて組織を形成している。戦略目標によって、その都度に形成される組織である。期間の限られた短期目標を達成するには向いている。しかし、長期目標には向いていない場合もある。プロジェクトが終了すると必ず解散する。

⑤職能別組織

もっとも一般的な形態で、製造、販売、財務、人事などのように、業務の内容に応じて分化している。専門領域が明確になるため効率的に仕事を進められるが、部門間での壁ができる恐れがある。すなわち、複数事業を営む場合は不向きでもある。それは、それぞれの事業を統一して管理する機能が存在しないことである。

図 5-4　職能別組織

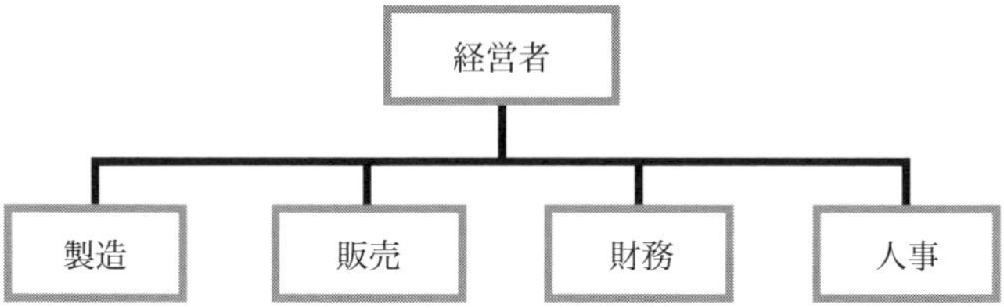

⑥事業部制組織

1920年代にアメリカのゼネラル・モータース社やデュポン社などによって採用された組織形態である。本格的に普及し製品別、地域別、顧客別に部門化して事業部を形成し、本社機構がそれぞれの事業部を統轄する形態である。また、各事業部内で一連の機能が完結するため、全社的な意思決定の調整が難しいこともある。

図 5-5　事業部制組織

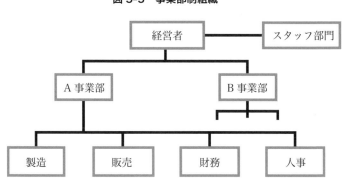

⑦マトリックス組織

2つの異なる編成原理に基づいて、従来の組織の欠点を克服し、より柔軟で効率的な組織を目指したものである。それは、職能別組織にそれら各機能を横断する事業部などを交差させ、構成員は専門とする職能部門と事業を遂行する部門の両方に所属する組織である。

図 5-6　マトリックス組織

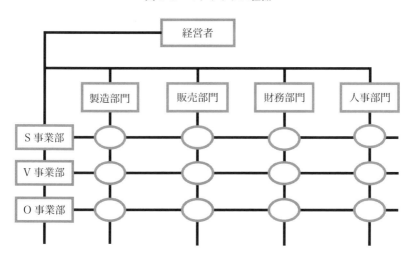

⑧ネットワーク組織

ライン組織のようなヒエラルキー（階層制や階級制）を考えない、新しい編成原理に基づいて形成されるものである。しかし、ネットワーク組織は、自主的な参加を前提とした緩やかな結びつきでしかないために、強制できないという弱点がある。

図 5-7　ネットワーク組織

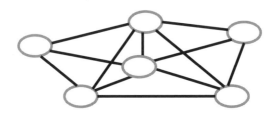

⑨フラット組織（文鎮型組織）

　1990年代のバブル崩壊後の景気低迷の中で、多くの日本企業が行ったのが、組織のフラット化であった。組織階層を出来るだけ減らし、上下のコミュニケーションを改善することによって、市場変化に対応して迅速で適切な意思決定を行い、状況変化に柔軟な対応をするために導入された。

図 5-8　フラット組織（文鎮型組織）

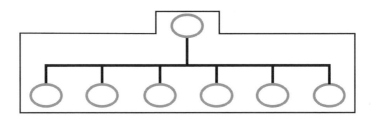

第4節　組織への参加

　先にもみたが、バーナードの考えでは、「二人以上の人が集まった集団を組織」と定義し、組織ができ上がるための三要素として、「共通目的」「貢献意欲」「コミュニケーション」を挙げている。しかし、組織を維持させるためには、組織

に参加している人に、その組織に参加している他の人との人間関係などの調整を意識的に行っていることを忘れてはならない。おそらく、人が組織に参加し、その組織が維持できているのは、参加者による意識的な調整が行われているからこそ、組織は成り立っている。

　では、意識的な調整力とはどのようなものなのであろうか。それは、決して難しいことではない。どちらかというと、組織に参加する前から、この意識的な調整が行えると考えているからこそ、その組織に参加するのであろう。ただし、その意識的な調整ができなくなった場合に、その組織に参加していた人も、自然とその組織から離脱してしまう。

　組織から離脱するにはそれだけの理由が存在することも事実である。その理由が、本人の問題であるのか、または、その他が関係しているのかは、そのケースによって異なる。すなわち、組織に参加している人の、「やる気がある＝参加意識が高い」とか「やる気がない＝参加意識が低い」というような簡単な理由ではない。必ずしも、「やる気がない＝参加意識が低い」から、その組織には参加したくないのではない。だから、組織に参加するために、意識的な調整を行ってまで所属したくないと考えることによって離脱する。

　意識的な調整力は決して難しいものではないといったが、継続して、同じ意識を思った状況で組織に参加し続けることは簡単ではないことも事実である。そこで、組織に参加する人が「やる気がある＝参加意識が高い」状況を継続するための研究が進められることとなった。それは、立派な組織という箱を作ることから、組織をいかにうまく運営するかへの課題に取り組むこととなる。

　組織運営に関する研究は、さまざまな角度から行われている。組織行動論という分野がまさしく、この問題に取り組んだ研究成果である。その中でも、個人の価値観の多様性が組織の運営に大きな影響があるとして論じているのが、エドガー・シャイン（Edgar Henry Schein）である。以下の節で、シャインの4つの人間モデルについてみてみる。

第5節　組織と個人の価値観

　経営学で、個人の管理が必要と考えられてから100年以上になる。経営者が、個人の人間観をどの様に理解してきたのかを考えた場合、その変遷過程の中に、4つの人間モデルが存在していたと捉えたのが、シャインである。

　シャインは、経営学における人間モデルの変遷を、「経済人モデル」「社会人モデル」「自己実現人モデル」「複雑人モデル」の4つに類型している。

　「経済人モデル」とは、テイラー（Frederick Winslow Taylor）の提唱したモデルで、経済的報酬によって人々の行動が変わる考え方である。「社会人モデル」とは、メイヨー（George Elton Mayo）の提唱したモデルで、人は経済的報酬だけで動くのではなく、グループに属したいという欲求をもって行動する考え方である。「自己実現人モデル」とは、マズロー（Abraham Harold Maslow）の提唱したモデルで、人は他律的に行動するのではなく、自律的に行動し、自分らしく生きたいとの考えから行動をする考え方である。「複雑人モデル」とは、シャイン（Edgar Henry Schein）の提唱したモデルで、人々の欲求の多様性と同じく、人間の中にある欲求の重層性を前提に人間を捉える考え方である。特に、4つの人間モデルの中でも、「複雑人モデル」に関して少し詳しくみてみる。

　「複雑人モデル」を提唱したシャインは、単純に「経済的」「社会的」「自己実現的」な考え方だけでは、人の動機づけは難しいとしている。すなわち、「経済的」「社会的」「自己実現的」だけに限定せず、家庭生活や地域生活、趣味等のさまざまな生活を視野に入れた、複雑で総合的で変化に富むものと捉え、人の動機づけを理解する方法として、「キャリア・アンカー」の考え方を示した。それには、①能力・才能（できること）、②欲求・欲望（やりたいこと）、③価値観（意義や幸福感を感じられること）の3つの要素があるとして、人の動機づけに大きな影響力をもっているとしている。

　更に、シャインは、8つの領域である、①専門・職種別コンピタンス（専門性・技術・知識などに価値を置き、それらを発揮することを重要視する）、②全般管理

コンピタンス（管理的業務に価値を置き、マネジメントや責任のある立場を重要視する）、③自律と独立（自由や独立に価値を置き、組織を離れた自律的活動を重要視する）、④保障や安定（安全性や確実性に価値を置き、リスクを最小限にすることを重要視する）、⑤起業家的創造性（創造することに価値を置き、新しいアイディア・商品・しくみを作ることを重要視する）、⑥奉仕や社会貢献（人の役に立つ、社会に貢献することに価値を置き、重要視する）、⑦純粋な挑戦（困難に立ち向かう、チャレンジそのものに価値を置き、重要視する）、⑧生活様式（家庭・家族・ライフスタイルを保つことに価値を置き、重要視する）があると提唱している。

この8つの領域で、もっとも大切にしたいものと、反対にそれほど重要視していないものから、重要視することと、重要視しないことの両面から考えることで、自分の「キャリア・アンカー」を探ることができると述べている。

「キャリア・アンカー」は、どちらかというと、自分の内面的な考え方である。しかし、実際に働くことによって、個人の希望だけを貫くことはできず、個人の要望と企業の要望等を調整する必要がある。自分の内面的な考え方だけでなく、外面的な考え方も必要であるとの考えから、この考え方を「キャリア・サバイバル」と定義している。

また、シャインは、「キャリア・サバイバル」には、①現在の職業と役割を棚卸しする、②環境の変化を識別する、③環境の変化が利害関係者の期待に与える影響を評価する、④職務と役割に対する影響を確認する、⑤職務要件を見直す、⑥職務と役割の戦略的プランニング・エクササイズの輪を広げる6つのステップがあるとしている。

シャインは、キャリアを複雑かつ総合的で変化に富むものと考え、そのようなキャリアを読み説き、自己が納得してキャリアをデザインするための概念として、キャリア・アンカー、キャリア・サバイバル、複雑人モデルを提唱している。

特に、「キャリア・アンカー」の考え方で示されているように、価値観（意義や幸福感を感じられること）の要素が、人の動機づけに大きな影響力をもっていることが理解でき、価値観の多様化とキャリア・デザインとの関係が、組織

における個人の行動に変化をもたらしてきた。

【参考文献】
片岡信之・斉藤毅憲・佐々木恒男・高橋由明・渡辺峻編著『はじめて学ぶ人のための経営学入門』文眞堂ブックス、2008年。
金井壽宏『働くみんなのモティベーション論』NTT出版、2006年。
金井壽宏訳『キャリア・アンカー 自分の本当の価値を発見しよう』白桃書房、2003年。
十川廣國編著『経営組織論〔第2版〕』中央経済社、2013年。
二村敏子・三善勝代訳『キャリア・ダイナミクス』白桃書房、1991年。
明治大学経営学研究会編『経営学への扉〔第4版〕』白桃書房、2013年。
山本安次郎訳編『新訳 経営者の役割』ダイヤモンド出版、1968年。

第6章　経営戦略

第1節　経営学における戦略の重要性

　経営戦略とはそもそもどのような概念であろうか。戦略が経営の現場で用いられるようになったのは、1950年〜60年代初頭と言われている。
　"戦略(Strategy)"とは、もともとは戦争にまつわる軍事用語であり、「ある程度長期にわたって一貫性をもった（軍事的）資源の配分」[1]と定義される概念である。
　戦略としばしば混同される概念として"戦術(Tactics)"があるが、その本質的違いとは、"戦術"が「短期的な状況の変動への対応策」である一方、"戦略"は「組織を長期的成功に導くための首尾一貫したガイドライン」という、達成すべき目的が短期的か長期的という違いである。
　このような軍事用語であった戦略は、目まぐるしく変動する市場に対応するため、長期的・永続的な経営を行うため、また企業活動において経営理念やビジョンを達成するための方法として重要視されるようになった。
　研究者によって諸説あるものの[2]、経営学分野において戦略という概念を初めて明確に提示したのは、チャンドラー（Alfred Chandler）といわれている。
　チャンドラーは戦略を「企業の基本的な長期目標や目的を決定し、これらの諸目標を遂行するために必要な行動のコースを採択し、諸資源を割り当てること」[3]と定義し、量的拡大、地域的分散、垂直統合と多角化という経営戦略の重要性を示唆している。

しかし、大滝ら（1997）が指摘するように、チャンドラーの研究は、特に多角化戦略を採用した場合に組織がどのように変化したのかを対象とするものであり、経営戦略の研究というよりも経営戦略の変化の研究であると位置づけられる[4]。

その意味において、経営戦略の本格的な研究として位置づけられているのが、戦略経営の父と称されるアンゾフ（Igor Ansoff）の研究である。

アンゾフは、戦略を「部分的無知の状態のもとでの意思決定のためのルール」[5]であると定義し、戦略（多角化戦略）を構成する要素として、①製品市場分野（ドメイン）と自社能力の明確化、②競争環境の特性理解、③シナジー（相乗効果）の追及、④成長ベクトル（方向性）の決定、の4つが重要であると主張し、更に企業の成長戦略の方向性（ベクトル）を分析・評価する指針として、もっとも著名な経営戦略ツールのひとつである、後述するアンゾフ・マトリクスを提示した。

経営学における初期の戦略論は、1960年代当時のアメリカにおける既存事業の成長率の低下や安定化という市場環境から、それを打開する戦略として、多角化を中心に議論されていた[6]。しかし時代が進むにつれて、消費や労働力のグローバル化、市場の成熟化、消費の多様化・個別化、高齢社会の到来など、企業を取り巻く環境がますます変動したため、その市場環境の変容に対応するための戦略は多様化することとなった。

本章では、そのような多種多様な経営学における戦略論に関して、株式会社能作の成長戦略の分析を通じ、基本的な分析枠組みを紹介する。

第2節　経営戦略論における2つの基盤的思想

経営学で研究されている戦略論は、大きく分けて2つの基盤的研究アプローチから議論されている。この2つの基盤的研究アプローチは、戦略論の2つの大きな潮流の源泉となる議論である。本節では、経営戦略をより理解するため、経営戦略の2つの基盤的思想について議論する。

まずひとつは、「定量的分析」を主とする、テイラー（Frederick Winslow

Taylar) のアプローチに準ずる戦略論である。

　テイラーは、主としてメーカーの生産現場（工場）を対象とした自身の研究をまとめ、『科学的管理法の原理』[7]を執筆し、生産性向上のためには、①タスク管理、②作業研究、③マニュアル制度、④段階的賃金制度、⑤職能別組織、が重要であることを示唆した。

　また彼は、作業の無駄を省き効率的な状態へと導くためには、作業時間また作業動作の最適化を現場の観察や実験から調査し、その結果に従いタスク（課業）を設定、更にそれに伴ったマニュアルを作成すること、そして作業を評価するシステムとしての賃金制度と、加えて職能別分業体制を確立することが重要であることを明示した。

　テイラーの科学的管理法は、経営者たちが生産量の拡大と効率化を求める一方で、労働者たちが公正な条件と高い賃金を求めていたという、産業拡大に追い付いていなかった当時の労働環境において両者のニーズに適合した管理法であった。

　彼のように経営戦略を「定量的分析や定型的計画プロセス」から議論する分析枠組として、「アンゾフ・マトリクス」「SWOT分析」「経験曲線」「プロダクト・ポートフォリオ・マネジメント（PPM）」「ファイブフォース分析」などの市場立場（ポジショニング）戦略論研究が続くこととなる。

　もうひとつの経営戦略の基礎的思想は、「定性的分析」を主とする、メイヨー (George Elton Mayo) のアプローチに準ずる戦略論である。

　メイヨーは、ウェスタンエレクトリック社のホーソン工場（電話機や電話関連機器を製造）での実験結果から、労働意欲に対して、職場の労働条件よりも人間関係が重要な要因となっていることを指摘し、「人間関係論（Human Relations Theory）」を提唱した。

　その中で、メイヨーは、「人は経済的対価より、社会的欲求[8]の充足を重視すること」、「人の行動は合理的でなく感情に大きく左右されること」、「人は公式な組織よりも非公式な組織に影響されやすいこと」、「人の労働意欲は、客観的職場環境の良し悪しより、職場での人間関係に左右されること」の重要性を

説いた。

メイヨーのように、職場における人間関係の重要性に着目した行動科学に基づく戦略論としては、モチベーション研究やリーダーシップ研究、コア・コンピタンス研究などの、能力基盤（ケイパビリティ）戦略研究が続くこととなる。

以上のように、戦略論は定量的かつ定性的な研究基盤から議論されてきた。このことは、戦略を検討する上で、定量的なデータを用いた分析だけでなく、エスノグラフィのような社会学的研究アプローチが需要であること、加えて、外部環境の分析を主たる関心領域とする市場地位別（ポジショニング）戦略だけでなく、自社の内部環境（組織・人・プロセス等）の分析を主たる関心領域とする能力基盤（ケイパビリティ）戦略の双方が重要であることを示唆している。

では、実際、企業における戦略はどのように機能するのであろうか。次節では株式会社能作の成長戦略の分析を通じて、経営における戦略の重要性に関する理解を深める。

第3節 事例：株式会社 能作の成長戦略

株式会社能作は、大正5（1916）年以来、富山県高岡市に本社を置く鋳物メーカーである。銅器の鋳造工程は、問屋制の下で生地、着色、仕上げという分業、問屋制家内工業で成り立っている。能作は、鋳物を成形し、旋盤などで切削して形を作る生地という工程を担い、元々は仏具、茶道具、花器などの生地を製造するメーカーとして、問屋からの注文を受けて製品を製造する企業であった。

約400年の歴史を誇る伝統産業である能作を含む高岡銅器は、日本全国の銅器生産割合の9割以上を担う一大産業であるが、経済のグローバル化が進み中国からの輸入製品が増えるにつれ、その販売額（銅器・鉄器合計）は1990年の374.5億をピークに、2012年では123.4億円（売上対比：約32.95%）と大きく下降し、衰退の一途をたどっている[9]。

このような経営環境を背景に、能作は、従来の鋳物の生地製造だけでは永続的に存続することができないという危機に直面することとなった。またそれと

同時に、従来の商慣習では能作が取引できる相手は問屋のみであったため、現在市場ではどのような商品が求められているのかということが能作にとって不明瞭であった。加えて、花やお茶を嗜むことのない消費者にとって、鋳物産業に対する認知度や関心は低く、能作は消費市場との乖離という問題も抱えていた[10]。

そこで代表取締役である能作克治社長は、この問題に対処すべく、職人の高い技術力を経営戦略の要とし、「素材とデザインで市場を拓く」をコンセプトにした。問屋でなく一般消費者に向けたインテリア雑貨、テーブルウェア、照明器具、オブジェなどを製作・販売し、高岡の鋳物メーカーの常識にとらわれない戦略を採択した。

能作が初めて消費者向けの製品を販売するきっかけを作った商品は、2001年の東京の展示会に誘われた際に出品した、能作社長自らデザインしたハンドベルであった（図6-1）。このハンドベルは、ヘアライン仕上げといわれる一般的にはステンレスの加工にみられる、金属素材に一方向の線状傷を無数に付けることによって、光の当り方で異なる表情をもつ独特な光沢が特徴とされる、研磨加工がほどこされていた。

図6-1 能作のハンドベル

能作のハンドベルは展示会で注目を集め、その結果インテリアショップFrancfranc等を展開するバルス社が経営するセレクトショップで取り扱われる。だが実際に販売してみると、日本の消費者にとって日常生活でベル（呼び鈴）を使用する生活シーンがなく、需要（市場）が存在しなかった理由から、この製品は全く売れなかった。

しかしその後、販売スタッフの「風鈴にしてみては?」という提案がきっかけとなり、風鈴(真鍮製)へとデザインを変更したところ、瞬く間に大ヒット商品へと転化した。これを機に能作は、業界の常識を越えた製品開発により積極的に乗り出すようになった。

次に着手した製品こそ、現在百貨店の一部やインテリア雑貨セレクトショップで人気を博し、また欧米からも注目されている革新的な錫食器、「曲がる器」である(図6-2)。

この食器の誕生も、「身近な食器を作ってほしい」という売場の要望を契機とするものであった。

だが能作が得意とする真鍮や青銅といった金属は、食品衛生上、食器として適さない材料であったため、今まで製造したことがなかった錫を使い、テーブルウェアを製作することとなった。また当時の高岡の一般的技術水準では、錫を使った食器の製造は困難であると言われており、能作にとってもこの事業は大きな挑戦であった。

苦労の末、長年培ってきた高い技術力により、高純度錫100%の純錫を使った今まで市場に存在しなかった食器が完成した[11]。ただ、高純度錫の食器で

図6-2 曲がる器 KAGOシリーズ

あるため、「手で力を加えると、曲がってしまうほど柔らかい」という特性をもっていた。

一般的に錫製品は、純錫にその他の金属を合成した本錫やピューター（純錫の含有量は約 90 〜 97% 程度）と呼ばれる合金で作られている。その理由としては、加工に伴い、ろくろで削ることができるある程度の変形しない硬さが重要視されてきたからである。したがって、錫 100% の純錫では、金属として扱いづらく、その一方、加工しやすくするために厚めに鋳造すると重くなり、結果として使い勝手が悪い商品となってしまう。加えて、材料の使用量も多くなり、価格も高くなる。

このような課題を抱えていた能作の錫製品は、鋳物業界の一般通念に則った評価基準において、ある種失敗品と位置づけられる可能性のある商材であった。

しかし、ここでもまた能作は、現状の常識を越え、逆転の発想でこの事態を切り抜けることとなる。つまり、「柔らかくて曲がる」という特性を弱みと捉えるのではなく、「自由に曲げられる」という強みとして捉え、人の手に馴染むというコンセプトの下、デザイナーの協力も得て、今まで市場に存在しなかったオリジナルの食器として展開することとなった。

現在では、高級レストランからの発注や、海外の資本からも声がかかり、2014 年 10 月にはイタリアのミラノ大聖堂近くで能作の商品を扱うショップ「nousaku」がオープンすることとなっている。

また売上も好調であり、売上高も前年比 2 ケタ増と好調に推移している。2013 年 9 月期は売上高 6 億円だったが、14 年 9 月期には同 9 億円の計上が見込まれている[12)][13)]。

第 4 節　多角化戦略とイノベーション

能作の成功はどのような戦略から成し遂げられたのであろうか。その要因はさまざまあるが、ひとつは多角化戦略の成功が挙げられる。多角化戦略は、先述のように戦略論の創成期から議論されている戦略である。

戦略論の父、アンゾフは、企業の成長戦略の方向性（ベクトル）を分

析・評価する指針として、もっとも著名で現在でも活用されている経営戦略ツールのひとつである、アンゾフ・マトリクスを提示した（表6-1）。

表6-1 成長戦略指標としてのアンゾフ・マトリクス[14]

		製品	
		既存	新規
市場	既存	1) 市場浸透戦略	3) 製品開発戦略
	新規	2) 市場開拓戦略	4) 多角化戦略

①市場浸透戦略とは、既存の市場（顧客）を対象とし、既存の製品現在取り扱っている製品の売上を伸ばすため、製品をより市場に浸透させようとする成長戦略である[15]。次に②市場開拓戦略とは、現在自社が生産している製品を、新しい市場へ投入し成長を図る戦略である[16]。また③製品開発戦略とは、既存の市場に対して、新製品を開発し販売する成長戦略である[17]。そして、④多角化戦略とは、全く新しい製品分野・市場分野に乗り出し、新しい事業を展開することで成長しようとする戦略である。

多角化戦略は多くの場合、既存の参入市場が飽和状態、また市場自体が衰退段階にある場合に採用される戦略である。ここで重要なことは、保有する経営資源やブランド資産などを活かし、つまりシナジー（相乗効果）をいかに追求できるかである。ただその一方で、全く新しい分野への進出であるため、他の市場戦略よりもリスクは高く、よって企業は市場環境に対する分析と共に、自社内部資源をどこまで活用できるか十分な検討しなければならない。

能作の多角化戦略の成功を分析すると、その要とは「職人の高い技術力」と「高いデザイン性」であると考察される。つまり、それまでの生産体制を見直し、

機械中心から手作り中心への、多品種少量生産体制への変革の中で培った高い技術力が、高岡では不可能と言われた錫製品を可能とし、また既存の市場では競合他社がほとんど重視していなかったデザイン性を自社の強みとし前面に押し出したことで、結果として消費者の心を打つヒット商品を販売するに至ったと考えられる。

　加えて、能作の成功の要因として挙げられるのが、継続的イノベーションの存在である。

　経営学の父と称されるドラッカーは、マネジメントにおいて重要な2つの要素としてマーケティングとイノベーションを掲げている[18]。ここで言うイノベーションとは、ただ単に技術革新というものではなく、研究者によってさまざまな定義はあるものの、本質的には「革新的な価値の提案」を意味する概念である。

　能作の成功の背景には、能作社長の常識に捉われない、不屈の挑戦心から生れるイノベーションが数多く存在した。それは、問屋制家内工業体制に捉われない消費者向け商品の開発や、装飾や染色を施さない真鍮そのものの風合いを魅力と捉えた製品展開、高岡では難しいと言われた錫製品の開発、そして柔らかくて曲がってしまうというマイナスの特性を逆手に取り「手に馴染む」食器として提案したことなど、市場や業界の通念を遥かに越え、新たな価値を消費者に提案するものであった。

　更に追記すべき成功要因として、能作は自社を取り巻くステークホルダーとの人間関係を自社の経営資源と捉え、それを核とする戦略を採用したことである。

　能作では、ものづくりに必要なものは「モノ・コト・心」であるとし、高品質な良い"モノ（製品）"を作ることはもちろん、それを使う消費者へのライフスタイル提案（"コト"）を重要視し、そして職人や販売スタッフをはじめとする能作に関わる人々の"心"が反映する製品づくりを大切にしている。

　先述したように、鋳物業界では、問屋を通して小売で販売するという慣行があり、直接市場へ売り込むということは、その慣行を逸脱することになる。風鈴や「曲がる器」がヒットし鋳物ブランドとして確立した後も、能作は、富山

県が主催する展示会や東京で開催される展示会に出展させる機会を捉えて参加することはあっても、営業部門をかまえ、自社から積極的に市場に売り込みをすることはしていない。

また販路も、富山県以外で製品を販売する際、新たな取引先（小売業）が自社と取引のある高岡の問屋と取引を行っていない場合のみ、直接販売を行い、それ以外は問屋を通じて販売を行うようにしている。

能作の広告およびチャネル戦略は、先述したメイヨーの「人間関係論」を核とする戦略であり、これは能作が掲げる「モノ・コト・心」の"心"に根差したものである。つまり、それらは、良いものを多くの人に使ってほしいという職人の想いや、自分の気に入った商品を伝えたいという販売スタッフの想い、また衰退産業と位置づけられている高岡銅器を盛り上げることで地元地域を活性化したいという富山県民（地域住民）としての想いなどであり、能作はこれらの高いモチベーションをもつステークホルダー達との良い協働関係を構築し、それを自社の強みとして確立すること、未開の市場を開拓し確固たる市場競争優位性を構築していると考えられる。

第5節　市場変化対応のための挑戦的・継続的な企業変革の重要性

現在の経営の中心課題は、絶えず市場環境変化への適応を求めることによって、その企業の存続や成長を維持していくことである。嶋口（1984）も議論するように、「市場変化への適応のみが成功を保証し、不適応は企業の衰退を招く」ということは、経営におけるひとつの真理であろう[19]。

戦略は、このような常に変動する市場への対応のためのガイドラインとして、特に現在の企業活動においてはなくてはならない概念である。しかし、ここで気をつけなければならないのが、戦略の硬直化という問題である。多くの衰退していった企業を概観すると、その多くが大きな成功的戦略を成し遂げた後、その成功に執着し保守的になってしまい、市場環境が変化したにもかかわらず

次なる市場戦略に移行することができずに失敗している。

　確かに、成功した戦略の基本構造はそのままで、修正や改善をしながら効率化を図っていくというような経営手法は、市場環境が基本的に不変である場合には競争上の格差をつけ、企業成長の有力な手段となるであろう。

　しかし、現在の市場環境は多くの場合変動し続けている。よって企業は永続的な事業活動を営む上で、市場環境を十分検討し市場適応をすることが必須となってくる。そして、時にそれは自社の過去の成功戦略を捨て去り、新たな企業変革への挑戦的取り組みが必要とされる。しかも現代の市場環境を鑑みると、その挑戦は一度ならず継続的に取り組み続けることが求められる。

　現在、能作は新たな取り組みとしてさまざまな改革に乗り出している。それは、市場開拓戦略の海外進出に始まり、錫製品を中心に、テーブルウェアや花器などを中核とした市場浸透化および、アクセサリーやインテリア雑貨など製品開発戦略の実施である。近年では、金沢の金箔メーカーとのコラボ商品や外部デザイナー監修による商品の製造に着手している。

　また別の取組みとして錫製品の製造工程の改革が挙げられる。能作の製品への需要が高まるに伴い、更なる生産性向上が求められ、従来の砂型からシリコン型による鋳造方法の移行を検討している。

　更に、組織改革にも取り組んでいる。以前は職人中心の企業であった能作であるが、現在は100人以上が在籍する企業となり、職人以外の従業員も増えてきた。そこで、今後は役員制度などの管理職を設置しマネジメント体制を確立することで事業部ごとの効率化を図る。

　更に、能作では新たな多角化戦略として、介護に関わる金属製品の開発に着手しようとするなど、市場に適応し続けるため、枠に捉われない挑戦的戦略に取り組み続けている。

　ますます拡大するグローバル経済を考慮すると、能作のような経営戦略が更に重要になってくることは間違いない。

注

1) 大滝精一・金井一頼・山田英男・岩田智『経営戦略（新版）論理的・創造性・社会性の追求』有斐閣、1997年、7ページより。
2) 経営学の父と称されるドラッカー（Peter Drucker, 1909-2005）も経営戦略論の開祖として位置づける研究者も存在している。なぜなら、ドラッカーは、企業における分業化（事業部制）と、それに伴うマネジメントの重要性について、チャンドラーより以前に『Concept of the Corporation（邦題：会社という概念）』(1946) および『The Practice of Management（邦題：現代の経営）』において議論し、戦略的問題の重要性を示唆しているからである。しかしながら、大滝ら (1997) が指摘するよう、ドラッカーの研究の中で戦略とは副次的な概念であり、彼の主たる関心はマネージャーの役割であり、この意味において、彼を経営戦略論の開祖として位置づけることは適切ではないと考えられる。
3) Chandler, A.D. Jr., *Strategy and Structure*, MIT Press, 1962, p.13.（有賀裕子訳『組織は戦略に従う』ダイヤモンド社、2004年）
4) 大滝他、前掲書、7ページより。
5) Ansoff, H.I., *Corporate Strategy*, McGraw-Hill, 1965.（広田寿亮訳『企業戦略論』産能大学出版部、1969年）
6) 大滝他、前掲書、9ページより。
7) Frederick W. T., *The Principles of Scientific Management*, New York: Harper, 1911.（上野陽一訳『科学的管理法』産業能率短期大学、1957年）
8) ここでいう社会的欲求とは、マズロー (1954) が提示した欲求階層説における「社会的欲求」を指す。つまり、生理的欲求と安全欲求より高次に位置する欲求であり、自分が社会に必要とされたい、他者に受け入れられたいといった、集団への帰属意識に根差した欲求を意味している。
9) 須田稔彦「高岡銅器に明日はあるのか」『地域開発』488、2005年、24-29ページ。および、高岡市産業振興部資料「平成24年 ものづくり400年の歴史と伝統が息づくまち 高岡市の商工業」より。
10) 鋳物業界は現在のように、県外者や一流大卒生が入社希望するような業種として、高岡市住民においても認識されておらず、「キツイ・汚い・危険」と言った評価がなされていた。能作社長の話によると、工場見学に来た子供に対して付添いの母親が、「勉強しないと、こんな仕事につくしかなくなるのよ。」という言葉が発せられたというエピソードがあるほど、一部の消費者の認識は低いものであった。
11) 能作はこの製造方法に関して特許を有している。
12) J-Net21 中小企業ニュース 2014年8月1日の記事より（http://j-net21.smrj.

go.jp/watch/news_tyus/entry/20140730-04.html)
13)（株）能作へのインタビューによると、この売上のうち、6割近くが錫製品の売上から構成されている。
14) 三谷宏治『経営戦略全史』ディスカバー・トゥエンティワン、2013年、82ページより。
15) この戦略において、既存商品をより多くそして長期的に購入してもらえるようにするため、例えば、広告や販促活動を通じて商品の魅力を向上させたり、値引きを行うことで購入頻度を高めようとするなどの施策がある。加えて、この戦略では、いかに効率よく事業を展開していくかということが重要となってくる。
16) この戦略における典型的な施策として海外進出が挙げられる。この戦略を採用しようとする企業は、新規市場を開拓するための販売体を検討する必要がある。
17) この例としては、PCを販売している家電企業によるタブレット端末の販売や、カップ麺を生産しているメーカーによる即席パスタの販売などが挙げられる。この戦略で重要になってくることは、既存市場の消費者が、どのような既存の自社製品と関連した製品に対してニーズを保有しているのかを明確にすることである。
18) Drucker, P. F., *The Practice of Management*, Harper & Row, 1954.（野田一夫監修、現代経営研究会訳『現代の経営』上・下、ダイヤモンド社、1965年）
19) 嶋口充輝『戦略的マーケティングの論理－需要調整・社会対応・競争対応の科学－』誠文堂新光社、1984年、2ページ。

第7章 マーケティング戦略

第1節 製品計画における市場細分化と製品差別化の位置づけ

　商品調整とは、顧客・消費者が欲しいと想っている商品を準備することであり、顧客・消費者の需要にぴったり合った製品・サービス・価格を計画する活動である。

　製造業者[1]が行う商品調整は、製品を仕入れるのではなく、原料を仕入れて製品を開発・製造するので製品計画（product planning）と呼ばれ次のようなプロセスで行われる

　まずマネジメントは市場機会分析を行う。有望な製品候補をいくつか挙げて、それぞれの製品を発売した場合の市場規模：その企業が参入した場合のマーケットシェアと累積売上高、マーケット・ポテンシャル：市場の潜在的可能性、市場全体の規模（売上高）と市場成長率、ROI（投資収益率）、リスクなどの評価要素についてウエイトを決めて、製品候補ごとに加重平均されたスコアを比較して新製品や参入する事業を決める。更に顧客・消費者をタイプごとに分類する市場細分化（market segmentation）[2]を行い、細分化した顧客・消費者のタイプ：消費者集団（segment）の中から標的（target）とすべき市場を選び出す。

　次にターゲットとする顧客・消費者の潜在的需要にぴったり合った製品コンセプトを決める[3]。これに基づき、製品に必要な機能・性能・スタイルやイメージを計画し、製品開発を行う。また自社製品について製品差別化[4]を企画し、そのためブランドの形成を計画しネーミングを行う。

このように、顧客・消費者の欲求にぴったり合った製品あるいは自社への需要を増やす製品を計画・開発するプロセスが製品計画である。計画したものを具体的なモノとして創り出だせるかどうかの開発技術・生産技術が重要になる[5]。

更に製品計画のうち、製品コンセプトに合致するブランドの確立や製品イメージの計画は、マーケティング・チャネル政策（どの様な店で売るために流通経路を仕組むのか）や広義のセールス・プロモーション政策（どの様なCMや顧客・消費者とのコミュニケーションを行うのか）によって実現する。

これらによって、商品の構成部分の一部（ソフト的な部分・情報的価値）、つまりブランドや製品イメージ、商品情報やサービスが形成される。したがって、製品特性によって、開発・選択されるべきマーケティング・チャネルやプロモーションの内容・方法が影響を受ける。

これに対して、流通業者の商品調整はマーチャンダイジング（merchandising）と呼ばれ、商品計画・品揃え・仕入計画・仕入活動を指す。ただし、プライベート・ブランドを有する流通業者は工場をもたないファブレス・メーカーであるから、製品計画を行う場合がある。

第2節　マーケット・セグメンテーション

消費者の年齢、性別、家族のライフサイクルの段階、所得や職業、学歴や教養・知的水準の差異、体質や育った環境、興味や嗜好、更に同一の消費者についても、消費目的や消費の状況よって需要の内容は違っている。市場細分化（market segmentation）とは、そのような異質な需要を、階層別、嗜好別、購買慣習別、消費状況別などの基準によって細分化することである。

新製品のターゲットとする消費者グループを選び出し、その消費者像を明確にするため、マーケット・セグメンテーションが必要である。

マーケット・セグメンテーションは、市場の潜在的な可能性を予測する場合にも、またsegmentごとに好みの店舗のタイプが異なるのでマーケティング・チャネルを選択する場合にも、更にsegmentによって購買可能な価格やイメー

ジを高める価格が異なるので価格設定を行う場合にも、製品のポジションを確定する場合にも、あるいはどんな顧客について市場調査すればよいかというかたちでマーケティング・リサーチに方向づけを与えるためにも重要である[6]。

つまり、マーケット・セグメンテーションとは、商品欲求、ニーズ、需要、商品・品質評価基準、消費行動において似ている消費者集団 (segment) の識別である。市場は異なった複数の segment から構成されている。ターゲット市場を選ぶためにセグメンテーション戦略を行う場合、最善のセグメンテーション戦略とは、収益性の高い価格設定と販売量を見込める消費者グループを発見することである。つまり、できるだけ高い価格でたくさん買ってくれるタイプの顧客を見つけることである。また等しい製品分野で競争している競合他社のセグメンテーション戦略を考慮し、予想される競合他社の行動に対抗・防御できる戦略を打ち立てる必要がある[7]。

コトラーは、セグメンテーションを行うための有効なアプローチとして、製品／市場グリッドの展開を紹介している。これは縦軸に製品、横軸にマーケット・セグメント（顧客グループ）を置くマトリックスである。ターゲット市場に対して各競争企業の製品特性を位置付け、それを考慮して、消費者の潜在的需要をもとに自社の製品特性を決定する[8]。

マーケット・セグメンテーションのための基準について、MIT グループは次の基準を挙げている[9]。

(1) 人口統計学的要因：世帯主の年齢、既婚未婚の別、子供の年齢などで代表される家庭のライフサイクル上の位置など。

(2) 態度：個性、ライフスタイル（個人の活動、関心、意見、価値観などによって定義できる）。この基準は消費者の心理的な特性で欲求の異なる製品やサービスに適している。

(3) 使用率：製品のヘビー・ユーザーとライト・ユーザー。例えばヘビー・ユーザー対象のプロ仕様のカメラのように単純な機能で頑丈なものが売れるか、ライト・ユーザー対象の Family use の自動化された多様な機能のカメラのように頑丈さよりも機能重視なのか、また例えば徳用か小分けか

(4) 選好／選択（ベネフィット・セグメンテーション）：新製品に対する反応を測定。消費者が好んで最終的に使用する製品の特徴によって消費者を細分化する。

顧客・消費者のタイプをセグメンテーションによって細分化した場合、同時に市場の定義が必要である。

市場の定義とは、自社製品を製品特性によってグルーピング・細分化して、製品間の市場の境界を定義することである。つまり、製品特性についてまったく等しいグループに含まれる製品同士は市場の共食いが行われている危険性がある。等しい segment が等しい製品特性を有する製品を求める可能性が高いからである。だから、市場の定義と消費者をその特質ごとに細分化し、ターゲット・グループをセグメンテーションすることとは、製品・市場戦略を打ち立てるために必要な2つの要素である。最善の企業戦略を選択するために、これら2つのプロセス相互間の補完が行われる。

市場の定義とマーケット・セグメンテーションからは（1）製品タイプ別の市場の定義、(2) 消費者ターゲットの人口統計学的要因、態度、使用率、選好や選択に関する消費者の特徴の分類、(3) 製品のタイプと消費者セグメントとの関連づけが行われる[10]。

ターゲット市場の選定においては、マーケティング機会分析、とりわけ最終的には販売可能額ないし需要測定・予測が重要な意義をもっている。

第3節 製品差別化

1. 製品差別化の必要性

製造機械や部品の共通化などに伴い、製品の標準化が進んでいる。戦闘機ハヤブサやゼロ戦の伝統を引き継ぐ高速の自動車も家庭向けの一般的な自動車になりつつある。軽自動車の4気筒エンジンも消えていく。製品の独自性がなくなりつつある。それでも消費者は、消費に自分自身を見出そうとする。また、現在では、消費者の価値判断の基準は、「良い」「悪い」から「好き」「嫌い」

へと変わり、「人と違ったものをもちたい」という欲求が強くなった[11]。そのため、生産者たちは自社製品を消費者に引き付けるような製品の差別化を考えるようになった。

2. 差別化

　製品をブランド化するためには、差別化する必要がある[12]。差別化は、競争上差別的に優位な地位を確立することである。顧客・消費者がなぜその製品に固執するのか、他の製品と比較して優位な違いをその製品に見出すのか。既存の顧客が製品の相違、デザイン：統合力の相違、サービスの相違を感じ取るからである。コトラー＆ケリーは、差別化を次のように指摘している。

　① 製品による差別化：形態：大きさ、形状、あるいは物理的な構造といった形態によって差別化することができる。性能品質：その製品の主な特徴が機能する水準のこと。継続的に製品を改良していくことは、高収益と高い市場シェアにつながる。適合品質：買い手は製品の適合品質、すなわち生産された製品すべてが等しく、約束された仕様を満たしている程度が高いことを期待する。耐久性：自然な状態あるいは過酷な使用状態で、その製品が機能すると予測される耐用期間。信頼性：製品が、ある一定期間内に誤作動したり作動しなくなったりしない見込みのこと。修理可能性：製品が誤作動したり作動しなくなったりしたときの修理しやすさのこと。スタイル：製品の外観と買い手に与える印象のこと。デザイン：統合力：競争が激化するに従って、デザインは製品とサービスを差別化し、ポジショニングするための強力な武器となる。デザイン[13]とは、顧客の要求に対して製品の外観と機能に影響を及ぼす特徴のまとまりをいう。

　② サービスによる差別化：有形商品が容易に差別化できない場合、競争に勝つための鍵は、価値あるサービスの付加とその品質の向上にあるだろう。注文の容易さ：顧客がその企業に注文することがどれだけ簡単かということ。配達：製品やサービスをいかにうまく顧客のもとへ届けられるかをいう。取り付け：予定された場所で製品が稼働できるようにするための作業。顧客トレーニ

ング：売り手の機器を適切かつ効率よく使用できるように、顧客を訓練すること。顧客コンサルティング：売り手が買い手に提供するデータ、情報システム、アドバイス・サービスのこと。メンテナンスと修理：顧客が購入した製品を良好な作動状態に保つためのサービス・プログラム[14]。

　これに加えて、コトラーは、次の諸要素について述べている。

　③ スタッフによる差別化；他社よりも教育された従業員を通じて、企業は強い競争優位を獲得できる。

　④ チャネルによる差別化：企業は流通チャネルのカバレッジ、専門技術や専門知識、そしてパフォーマンスを適切にデザインすることによって、競争優位を獲得することができる。

　⑤イメージによる差別化：買い手は企業イメージとブランド・イメージにさまざまな反応を見せる[15]。

　このような差別化の諸要素によって、他の製品との優位な違いを見出した顧客・消費者は、その製品のリピーター（繰り返し購買者）となる。したがって差別化は製品戦略そのものであり、ブランド戦略である。

3. 製品差別化戦略とその機能

　差別化とは、企業が自社自身あるいは自社の製品を競合他社と識別するために、一連の意味のある違いをデザインする活動を指す[16]。差別化には3つの方法、形態がある。①製品の機能や外観などの違いによる「物理的、本質的差別化」は、商品本来の機能の改良、付加機能の追加や改善によって差別化を図ることである。②ブランド要素とブランドの特徴（ベネフィット、情緒的イメージなど）を組み合わせる「ブランドによる差別化」[17]、③顧客が特定の供給業者との関係に満足を覚える「リレーションシップによる差別化」がある[18]。これらは、先述した差別化の諸要素の買い手に与えるイメージによって形成される。例えば「製品の機能」に関しても、それがいかに優れていると評価するかは、買い手のもつイメージによるからである。それゆえ、差別化によるブランディングは、それを裏付ける history が必要である[19]。

差別化によってブランドが確立するのであるが、確立されたブランドは、差別化の要因となる。

コトラーが述べた流通チャネルによる差別化とも関連するが、小売パッケージによる差別化が存在する。小売パッケージすなわち小売業の製品パッケージとは、品揃え、店舗の立地、規模、トレーディング・スタイル（ストア・デザイン、レイアウト、人的サービス、雰囲気に関するフォーマット）である[20]。

ブランドを確立した製品について、ストアブランドをそれ以前に確立している店舗で取り扱われることが要因となって、製品のブランドが確立したケースもある[21]。また、特定の小売パッケージを好んで来店する顧客のタイプがもつ好みにぴったり合致する製品であった場合、それが要因となって差別化が実現し、ブランドとして確立するケースもある。

ブランドが独り歩きしている場合もある。サングラスは顔に掛けるものである。しかしフレームは弾力性がありレンズは弾力性が無いにもかかわらず、接着剤でレンズをフレームに貼り付けただけの高級ブランド品が 40,000 円近くする。店主に聞くとそれはバッグのポケットに、外に向けて引っかけるのが正しい使用方法だ。これは「○○のサングラスをもっています」と示すことが「おしゃれ」なのである。

第4節　計画的陳腐化

計画的陳腐化とは、顧客や消費者に新製品を購入させるために、既存製品を廃棄させる戦略である[22]。

計画的陳腐化には次の3形態がある。

①機能的陳腐化：品質や機能面でより優れた製品を開発することにより、既存製品を陳腐化させることである。家電製品などが事例として挙げられる。
②心理的陳腐化：外観や色彩などの変更によって、既存製品を陳腐化させることである。自動車のモデルチェンジやファッション業界の流行、スクー

ター、オートバイの「〇〇年の色」などが事例として挙げられる。
③物理的陳腐化：意図的に短期間のうちに製品の一部が磨耗するように設計することにより陳腐化させることである。早く摩耗するプラスチック消しゴム、コンデンサー（熱により劣化しやすい部品）を熱の発生する回路の近くに配置する設計の家電品などが事例として挙げられる。

計画的陳腐化は需要を刺激することによって、消費者の購買意欲を高めるが、資源の無駄遣いと廃棄ゴミ問題を発生させる。

注
1) プライベート・ブランド（流通業者の製品ブランド）をもつ流通業者も製造業者に含まれる。ただし工場をもたないのでファブレス企業である。
2) 消費者のタイプを種々の基準で分類・細分化すること
3) 製品の概念・発想・着想。
4) 競争上差別的に優位な地位を確立すること。
5) 「こんなこといいな、できたらいいな」という「ドラえもん」の「タイムマシン」や「どこでもドア」、「タケコプター」のごとく、潜在的需要がどれほどあっても開発技術が伴わないものも多い。しかし、絵の出るレコードという夢は、レーザーディスクで実現した。
6) 相当古くなるが、市場細分化 (market segmentation) は次の文献すなわち MIT グループや P. Kotoler の初期の時代にまで遡る。Urban, Glen L., John R. Hauser, Nikhilesh Dholakia, *Essentials of New Product Management*, 1987.（G.L. アーバン・J.R. ハウザー・N. ドラキア〔以下では MIT と略す〕、林広茂・中島望・小川孔輔・山中正彦訳『プロダクト　マネジメント』プレジデント社、1989年、105ページ）
7) 同書、106ページ。
8) Kotler, P., *Marketing Management : analysis planning, and control*, Fourth Edition, 1980.（村田昭治監修、小坂恕・疋田聡・三村優美子訳『マーケティング・マネジメント〔第4版〕』プレジデント社、1983年、57-62ページ）
9) MIT、前掲訳書、106-108ページ。
10) 同上書、109-110ページ。
11) 片上洋他編著『マーケティング戦略の新展開』三学出版、第4章参照。
12) Kotler, P. & K. L. Keller, *Marketing Management*, Twelfth Edition, Prentice

Hall, 2006.（フィリップ・コトラー&ケビン・レーン・ケラー著，恩蔵直人監修『コトラー&ケラーのマーケティング・マネジメント〔第12版〕』、465ページ）

13) Design：日本語（カタカナ用語）でデザインという場合は形状のことだが，ここでは「設計」（本来のデザインの意味）として使用されていることがうかがえる。

14) フィリップ・コトラー他著、恩蔵監修、前掲書、465-471ページ。

15) Kotler,P., *Framework for Marketing Management*, First Edition, Prentice Hall, 2001.（フリップ・コトラー著，恩蔵直人監修『コトラーのマーケティング・マネジメント』、220-221ページ）

16) 同上書、217ページ。

17) これこそが、日本語でいう「差別」化にふさわしい。例えばサングラスやベルトなどでは1ロットが500個の製造システムにおいて、製造業者が10,000個分のライセンスをブランド所有権のある企業から購入したとする。ライセンスを購入した企業は、不良品が出る確率が1％に満たなくとも、効率と経済性から、10,500個を製造しなければならない。しかし仮に不良品が出なかったとすると、ライセンスが使用できない500個は自前の「ブランド」が付され、ほとんどがライセンスによるブランド品として売られるサングラスの10％にも満たない価格が付けられる。その価格差の根拠は付される「ブランド」の違い以外に見当たらない。

18) 前掲『新展開』、第4章参照。

19) 例えばエルメス：Hermes、Prada、GUCCI、Cartier、Christian Dior、Dunhill、Tiffany、Louis Vuittonなど、皇帝、国王、王室、貴族などのいわゆる皇室御用達からブランド化したものであり、Nikeは1980年代マイケル・ジョーダンを売りにして、成功した。

20) 片上洋『小売業マーケティング』三学出版、参照。

21) 例えばRalph Laurenは、1967年にネクタイメーカーのBeau Brummelから、Poloのレーベルで製品を発表した後、有名ブランドとなった。

22) 片上洋編著『学生の学生による学生のためのマーケティング入門』三学出版、参照。

第8章　ブランド戦略

第1節　ブランド管理の基礎

　1990年代後半から、家電製品、自動車、アパレル、日用品など多くの商品においての差別化が困難となり始め、コモディティ化が進んだ。多くの企業は脱コモディティ化を狙い、技術水準を高めると同時に、伝統的なマーケティング活動を行ったが、これらの限界に達した企業ではブランド管理が重視されるようになった。

　本章では、ブランドとは何か、ブランドの意義、ブランド・エクイティ、ブランド・ポートフォリオ、ブランド・アイデンティティといった概念を通じてブランド管理の理解を深める。本章において次に重要である点は、消費者視点からみるブランドと企業側からみるブランドの視点の大きな違いを理解することである。

1. ブランドとは何か？

　アメリカ・マーケティング協会（AMA）によれば、ブランドとは「個別の売り手もしくは売り手集団の商品やサービスを識別させ、競合他社の商品やサービスと差別化するためのネーム、言葉、記号、シンボル、あるいはそれらの組み合わせたもの」である。いわゆる、製品に使われたネーム、ロゴ、シンボルなどを含めてブランドであると考えた。これに対してケラー[1]は、「ブランドとは単なる製品ではない。なぜならブランドは、同じニーズを満たすよう

に設計された製品間に何らかの差別化要因をもたらすからだ」と述べる。すなわちブランドは、製品の実体だけでなく、製品に加えるパッケージングや配送、売場、サービスなどにより構成されている。すなわち強力なブランドの構築には、製品の製造のみならず、多種多様な連想（ブランド・イメージ）につながるマーケティングの意思決定を理解する管理者の存在が重要である。企業がもつ最大の価値ある資産は、工場や機材や不動産のような有形資産ではなく、経営スキル、マーケティングや財務やオペレーションの専門知識、そして何よりもブランドという無形の資産なのである[2]。

こうしたブランドの概念に基づき、ブランドの重要性を理解すると、消費者側と企業側の視点からブランドの役割をみることができる。まず消費者にとっては、ブランドは消費の選択行動の1つの基準となり、選択に伴うコストやリスクを軽減させる役割をもつ。一方、企業側にとってのブランドは、その識別機能によってブランドネームの登録（商標登録）と特許技術により法的な保護が得られる。その上で他社の製品と差別化を図り、ブランド・ロイヤルティを生み出すことができる。ブランドは消費者の選択行動への活用、企業の持続的な競争優位の構築に貢献することができる。

2. 強いブランドをもつ意義

なぜ強いブランドを構築することが必要であるのか。マーケティングの4Psに関係する①価格戦略、②流通チャネル戦略、③コミュニケーション戦略、最後に④製品戦略の4点からみてみよう。

① 価格戦略は企業にとって重要である。より高品質で信用の高い商品やサービスを得たいと考える消費者は増加している。企業側にとってもブランドを裏付けることによって高価格戦略を採用した場合に、顧客に信用や満足を与えることができる。また低価格戦略を採用した場合においても、競合他社との相対的な評価を獲得することができる。

② 流通チャネル戦略はブランドの成功を左右する。良好なブランド・エクイティあるいはポジティブなブランド・イメージを有するブランドに対し

て、流通チャネルに関係する流通業者はブランドのプロモーションや販売に積極的に関わる現場にいる。ブランド・エクイティが優良であれば、流通メンバーによる協力や支援を得ることができる。

③　ブランド・エクイティはコミュニケーション効果を増加させることができる。一般的に消費者はあるブランドの広告に着目し、そのブランドへの理解、受容、維持、購買という一連の行動プロセスを行うようになる。その中で、優良なエクイティを有するブランドは、消費者の知識に深く関わることによって、反応を起こすことができる。

④　重要であるのが、ブランド・エクイティが与えるブランド拡張の機会である。企業が確立されたブランドネームを使って新たな市場に製品を投入することがブランド拡張である。一度ブランド・エクイティによって信用・信頼を獲得したブランドは、消費者や流通業者に対して安心感や期待感をもたらすことができる。そのため、ある程度関わりが深い製品カテゴリーにはこのメリットを移転することができる。例えば、化粧品の通信販売事業者であったファンケルが栄養補助食品分野へと展開し、大手化粧品メーカー資生堂が2000年代以降に「資生堂パーラー」、「レストラン ロオジエ」や「ファロ資生堂」など飲食業の運営をスタートしている。こういった企業は、親ブランドの信用・信頼を利用しブランド拡張に取り組み、成功を遂げている。

3. ブランド管理の困難性を生む要因

　ある調査によると、1923年時点でリーディング・ブランドであった20社は、今日でもリーダーであることが示された。これらのブランドは、時間的蓄積の中で、ブランドのコンセプトに忠実でありながらも、進化を遂げ、90年後の今日においても価値の高いブランドとして評価されている。しかしながら、ブランドのリーダーのポジションを失った例もある。そういう意味で、強いブランドであってもブランド管理が不適切であるならば、ブランド・ロイヤルティを失い、競争優位が衰退する可能性がある。ブランド・マネジメントの困難性

を生む要因としては、次の2点が挙げられる。

第1に、新ブランドおよび新商品の増殖である。「資生堂」のように1つのブランドの下に複数の製品があり、スキンケア、メイク、ボディー・ヘアケア、フレグランス、健康食品など複数のカテゴリーがある。このため管理者の方策通りのビジョンあるいは既存のブランドのコンセプトを維持するように管理することが困難となる。

第2にメディアの分化である。インターネットやSNSの普及により、新しいメディアまたはプロモーションが登場した。これにより、マネージャーは従来のテレビCMや雑誌、新聞など伝統的な手法だけではなく、ネット広告やSNS、スポンサーシップ、プロダクト・プレースメントなど新しいコミュニケーション形態を活用することを迫られる。これらを有効に活用し、かつ多数のメディアの中でブランドのあるべきビジョンを一貫して表現していくことは困難である。

第2節　ブランド管理におけるブランド・エクイティの創造

1991年アーカー[3]によりブランド・エクイティの概念が提唱された。これにより企業経営におけるブランド管理の重要性あるいはブランドへの関心が飛躍的に高まり、ブランド概念に対する理解の方法を変えた。ブランド・エクイティとは、ブランド、その名前やシンボルと結びついたブランドの資産と負債の集合であり、企業や顧客への製品やサービスの価値を増加させるか、減少させる[4]。すなわちブランド化された商品やサービスの価値を評価ないしは表現するものとして理解することができる。

具体的なブランド・エクイティの管理として、ここではブランドのメンテナンスである長期的なブランド・エクイティの強化と維持について特にみることにする。

ブランド・エクイティの強化と維持についてケラーは、ブランド・エクイティのマネジメントは他ブランドとの関わりの中で、市場に応じて時間や地理的境

界や市場セグメントを超えて行うべきだと強調する[5]。そのために、まず競合他社のブランドとの比較の中で、全般的に自社のブランドを捉え、そのガイドラインを示すことが重要である。ここでのガイドラインは、企業の下にある製品およびブランドが増加していく中で、いかにこれらを自社内で整理をするか、また競合他社のブランドと比較してどのように調整していくかに関係する。すなわち、ブランド・ポートフォリオを整理し、企業が有するすべての製品間に存在するブランド間の関係を描き出すことが重要である。

　今日の巨大ブランドをみると自動車や家電製品、食品、アパレル、化粧品などさまざまな産業においてブランドは異なる製品カテゴリーにまたがっている。例えば、「HONDA（本田技研）」は、ハイブリッド、コンパクト、SUV、商用車など多様な製品ラインを開発して、広い価格帯を有している。「Panasonic」は、デジタルから、生活家電、美容、カーナビ、パソコン、さらに住宅設備や建材まで複数の製品カテゴリーに拡張し、より多くの消費者を獲得しようとしていった。このように、製品カテゴリーの拡大にしたがって、ブランドも拡張していった。しかしながら、ブランドの拡張によってブランド・イメージが拡散して、消費者の混乱を招く可能性が高い。そのためブランド管理者はブランドのコア（中心）部分を定め、ブランドの本質的な部分を統合することを求められる[6]。

第3節　ブランド・ポートフォリオの管理

　近年、ビッグブランドをもつ企業は多様な複数の製品やブランドを有する場合が多く、企業全体としてどのようにブランドの関係と距離を調整し、またブランド内で製品間の関係を調整するか、どのようなブランド要素を選択し適用するかによって、ブランド・エクイティを最大化する方法を考えなければならない。有用なツールとして「ブランド／製品マトリクス」と「ブランド階層」がある[7]。

1. ブランド / 製品マトリクス

ブランド管理を実行する前段階として、管理者は企業が販売するすべての製品にどのようなブランドネーム、ロゴ、シンボルを適用するかを把握しなければならない。なぜなら、ブランド間の相違点や類似点を消費者に理解させるために、ブランドの各要素の適用をまず決めなければならないからである。そのための手段として、ブランド / 製品マトリクスが考案された。

図 8-1　資生堂のブランド / 製品マトリクス

ブランド ＼ 製品	スキンケア	ベースメイク	ボディー	ヘアケア	男性用
CPergique	○				
ELIXIR SUPERIEUR	○	○			
MAQUillAGE		○			
TSUBAKI				○	
SHISEIDO Bodycare			○		
uno FOG BAR				○	○

著者作成

ブランド / 製品マトリクスは、企業が販売するすべてのブランドと製品を視覚的に示した図である。縦軸には企業のブランド、横軸にはそれに対応する製

品が示される。資生堂グループのマトリクスでは、資生堂の個別ブランドの製品構成や各ブランドの相違点や役割が理解しやすい（図8-1）。こういったブランドの集合がブランド・ポートフォリオと呼ばれる。ブランド・ポートフォリオとは、企業が特定カテゴリー内で販売するすべてのブランドとブランドラインの集合であり、マトリクスの縦軸と一致する。すなわち、ブランド間の相違点または類似点によりブランドの相乗効果が生まれ、最適なブランド・ポートフォリオが作られる。しかし、ブランド・ポートフォリオの適合性はブランドの数や相違点だけではなく、ブランディング戦略の幅と深さが関係する。

ブランディング戦略の幅とは、企業が販売するブランドに結びついた製品の数と性質のことである。すわなち、マトリクスの横軸のことを意味する。例えば、資生堂の「エリクシール シュペリエル」は、30～40代女性をターゲットし、高機能エイジングケアに取り組むスキンケアとベースメイクを用いて、40種類以上の商品を開発していった。

ブランディング戦略の深さとは、企業が販売する製品クラス内のブランドの数と性質のことである。すなわち、マトリクスの縦軸のことを意味し、同一の製品カテゴリー内で複数のブランドをもつことである。資生堂の例をみると同じスキンケア内で、高価格帯の「クレ・ド・ポー ボーテ」、エイジングケアの「エリクシール シュペリエル」、美白シリーズの「エリクシール ホワイト」、肌のトラブルを解消する「dプログラム」など多様なブランドが開発された。それは多様な価格セグメントや、商品の機能性を求めるために開発された。これにより、より多くの消費者を獲得することが可能となる一方で、競合ブランドの模倣を困難にし、小売店舗の陳列スペースの拡大、社内競争の活性化などに効果があると考えられる。

2．ブランド階層

ブランド／製品マトリクスは、企業が販売している製品とブランドとの関係またはブランドの範囲を明確にすることに役立つ。これに対して、ブランド階層とは企業のブランディング戦略を図式的に表す有効な方法である。いわゆる、

ある製品にどのようなブランド要素を使うか、それらの要素をどのように組み合わせるかを図式的に表し、全体的にブランディングを捉える方法である。

最上位から最下位までのブランド階層を、上位から順にコーポレート・ブランド、ファミリー・ブランド、個別ブランド、品名と表現できる。最下位に位置する品名は、アイテムやモデルを識別する要素を表し、明治が販売するバター・マーガリン類では「コーンソフト」、「なめらかソフト」、「ヘルシーソフトオブスタイル」、「ふんわりムースソフト」という、風味や食感によって分類されている。

中でも最も重要であるのが最上位に位置するコーポレート・ブランドである。コーポレート・ブランドは企業イメージあるいは企業に対して消費者が抱く連想に大きな影響を与える。コーポレート・ブランドのエクイティの構築は、製品または価格やサービス、広告に関係するコミュニケーションだけではなく、流通チャネル戦略、社会活動、従業員、サービスなど多面的に捉えられなければならない。ただし、コーポレート・ブランドだけでは、共通点のないそれぞれの商品の個性を維持しながらブランドの統一を保つことに困難がある。そこでファミリー・ブランドと個別ブランドが用いられる。

各レベルにおけるブランド知識の創造プロセスは関連性と差別性によって導かれる。具体的には、関連性とは、出来るだけ多くの下位レベルのブランドに対して、コーポレート・ブランド・レベルやファミリー・ブランド・レベルのブランドと関連づけられるような連想を生み出すことであり、その関連度のことである。すなわちこの4つのレベルは独立しているのではなく、相互関係の中でブランド・エクイティを創出しているのである。これに対して、差別性とは、同一レベルにある複数のブランドは可能な限り差別化すべきであることを示す。ブランド戦略を実行する際、ブランド階層を明確にし、各レベルにおけるブランドの役割分担を確認した上で、ブランドの統一感を図りながら、個別ブランドまたは品名の差別性ないし革新性を創出することが重要である。

第4節　企業ビジョンとしてのブランド・アイデンティティの重要性

　ケラーのブランド・エクイティの理論枠組みとして著名である「顧客ベースのブランド・エクイティ・モデル（CBBE モデル）」を開発した。これらはブランド構築度を定量的に測定することを可能とするものである。この枠組みの基本的前提として、「顧客ベース」とあるように、ブランドは企業によって作られるが、ブランドを評価あるいはブランドの強さを決定するのは消費者であることを理解したい。ケラーは「消費者が実質的にブランドの伝道師や宣教師となり、ブランドのパワーと究極的な価値は顧客にある」[8]と考える。それゆえ、ブランド・エクイティの形成は消費者の反応に深く関係し、ブランド構築は顧客ベースが前提条件であるという。

　近年、経営学におけるブランドの戦略的管理問題は、消費者視点および企業ビジョン視点との間を揺れ動き、そのどちらに位置づけるかによって企業のブランド管理戦略の方向性が変わり、これらをバランス良く管理することが重要とされる。

　アイデンティティとは個人の中核的価値であり、どのように認識されたいかである。これを企業ブランドや製品ブランドに当てはめたものがブランド・アイデンティティである。ブランド・アイデンティティとは、ブランド戦略策定者が創造したり、維持したいと思うブランドの連想のユニークな集合である。ブランド・アイデンティティはブランドに方向、目的、意味を与える[9]。ブランド・アイデンティティはブランドのビジョンであるだけでなく、現代では経営の目標とすべきビジョンへとして認識されている。ブランド・アイデンティティが経営の次の展開を左右するのである。

　ブランド・アイデンティティが主張するのは、行き過ぎた顧客主義への批判と、ブランドはあくまでも管理主体が企業の管理者であり、企業のビジョンと戦略こそが、長期的なブランドの成果を決定づけるということである。すなわ

ち、ブランドは消費者によって形作られるものであるが、方向性を決定するのは、あくまでも企業側という考え方である。ブランド・エクイティやブラド・イメージは現在までの蓄積を表した評価や状態であるが、ブランド・アイデンティティはより長期的、未来的なビジョンの戦略性を表している[10]。

　ブランド・アイデンティティが力を発揮するのは、多くの流通や広告代理店・メディアが介在する企業のコミュニケーション実践においてである。こうした多くの顧客と企業との接点においてより多くの企業が関係し、長期的には大きな変化をする中で、企業の発信したいメッセージを一貫して伝達し続けることは困難である。強力なブランド・アイデンティティはより一貫したメッセージを関係性すべてに伝達することを助け、長期的に企業を適切にビジョンに近づけることを支援する。

　強力なブランド・アイデンティティの計画および実行の成功は、組織を活性化させ、将来の方向性を与えるものとなる。アイデンティティ構築の過程は、自らの揺るぎない軸の発見にもつながるのである。すなわち、より良いブランド・アイデンティティの計画と実行は持続的競争優位の源泉およびブランド管理の力強い支援となる。また、強力なアイデンティティの確立は組織内の構成員すべてに対する明確な行動の規範となる軸を提供することができる。理想的なアイデンティティは将来のあるべきビジョンが組み込まれているものであり、その形に従って組織の構成員は自らの行動や方向性を決定し、行動することができる。

第5節　流通企業におけるブランディングの事例

　企業としてのブランド（コーポレート・ブランド）の効果が如実に表れているのが小売企業のブランドである。近年特に脚光を浴びているのがプライベート・ブランド（以下PB）であり、小売業界2強と呼ばれるイオングループとセブン＆アイ・ホールディングスがそれぞれ開発するブランド、トップバリュとセブンプレミアムの知名度は高い。PBは過去においては知覚品質およびイメー

ジの点で劣る「安かろう、悪かろう」の商品として見られていたが、現在では実際の品質のみならず、消費者の知覚品質、イメージともに向上している。その理由としては、両グループがリーダーとなり、品質向上に励んだことだけでなく、ブランド戦略の成功がある。両グループの開発する製品の製造業者には有名メーカーが含まれている。こうした開発体制が行われる背景には、小売企業の大規模化・寡占化があり、特に2大グループが占める取引量が非常に高くなっていることがある。これらによって、有名メーカーとの協力体制によって品質の高いPBの開発ができるようになった。しかし、それぞれの商品の製造メーカーはバラバラであり、それにもかかわらず同じブランド名の下で販売されている。ここでブランド管理の必要性が認識される。まずトップバリュやセブンプレミアムというブランドが、通常のよくあるPBのイメージを超えるものとならなければならない。そのためには、スーパーやコンビニがもつ身近なイメージだけでなく、より洗練されたPB商品のイメージを付加することが必要である。セブンイレブン、イオン両社ともPBの良さをアピールするための広告を行った。これらはPBのブランド広告として大々的に行われた新しい事例の1つとなった。また小売企業による企業広告も導入された。企業広告を行うことによって、まず企業全体のブランド力（リテール・ブランド・パワー）を高め、それらがPBのブランド・イメージを支援・保証したり、知覚価値を向上させるために、良好なイメージを付加する役割をするための目的である。

　また、バラバラに開発される商品を1つのブランド・イメージとして統一させ、より洗練された消費者の認識をつくるために、セブンプレミアムでは、製品のパッケージやロゴを一新し、佐藤可士和氏にブランド・プランニングおよびパッケージやロゴなどのデザインを一任した。それにより、これまでのプライベート・ブランドにはない、「1つのブランド」としての統一感が表れた。更に、ブランドの下にある製品のまとまりがなく、多くの製品にまたがっていた状況について、ブランドを体系的なブランド・ポートフォリオおよび階層の整理を行った。イオングループでは、英国スーパーのテスコを参考に、トップバリュのラインとして高価格帯には「セレクト」、低価格帯に「ベストプライス」、さ

らに有機食品で価格物質・添加物を抑えた「グリーンアイ」、環境に優しい「共環宣言」、美と健康をサポートする「ヘルシーアイ」、おいしい食事を簡単に提供する「レディミール」としてサブラインを追加することによってブランド・ポートフォリの体系化を図っている。

　ブランド・アイデンティティによって、数年先の企業のあり方を踏まえたブランドの理想を掲げ、より具体性をもたせることができる。変化の激しい業界である流通業界における小売企業が長期的なビジョンとしてブランド・アイデンティティを構築し、日々のブランド管理を運営していくことは重要である。ここ数年、流通業界における業績の格差が拡大してきている。特に2グループの企業ブランドやPBのブランド力が高いことがみられるのが、プレミアム製品の導入である。セブンイレブンでは、通常のメーカー品よりも数割高価格のセブンゴールド（金の〜シリーズ）を開発している。イオンではトップバリュセレクトというラインがある。こうした高級ラインがPBとして開発され、実際に販売が進むのは2社のPBが自身の殻を脱皮し、1つの「ブランド」と認識されるようになりつつあることを表すものである。PBから始まり、脱皮を遂げた先行する無印（Muji）ブランドを目指して今後も進化を続けていくであろう。

注

1) ケヴィン・レーン・ケラー著、恩蔵直人監訳『戦略的ブランド・マネジメント〔第3版〕』東急エージェンシー、2010年、4ページ。
2) 同上書、7ページ。
3) Aaker, D.A., *Managing Brand Equity*, The free press, 1991.（D.A.アーカー著、陶山計介・中田善哲・尾崎久仁博・小林哲訳『ブランド・エクイティ戦略』ダイヤモンド社、1994年）
4) ケラー、前掲書、31ページ。
5) 同上書、37-38ページ。
6) ケラーはこの点について「コアとなるブランド連想」と「ブランド・マントラ」を用いて説明する。コアとなるブランド連想とは、「ブランドにおける5〜10の最も重要な側面や次元を特徴づける抽象的な連想(属性とベネフィット)のこと」である。

ブランド・マントラとは、「ブランドの真髄を表現するもので、ブランド・ポジショニングにおける反論の余地のない本質あるいは精神をとらえた3〜5語の短いフレーズ」である(150ページ)。いわゆる、コアとなるブランド連想より本質的であり、管理者や従業員、外部のパートナー全員がブランドを表現しようとする本質的なものである(148-152ページ)

7) ケラー、前掲書、529-552ページ。
8) 同上書、86ページ。
9) Aaker, D.A., *Building Strong Brands*, The Free Press,1995. (D.A. アーカー著、陶山計介・小林哲・梅本春夫・石垣智徳訳『ブランド優位の戦略』ダイヤモンド社、1997年、86ページ)
10) ブランド・アイデンティティ構築の前段階では、自社分析、顧客分析、競合分析の三方向からの分析を行う。特に自社分析では現時点での自社ブランド・イメージを把握し、将来の方向性を見出す。競合分析からはブランド・イメージの強み・弱みの把握、予想される将来の動向についても把握を行う。ブランド・アイデンティティは自社の強みや資源に後押しされることによって力を発揮できるものが理想となる。

第9章　マーケティング管理

第1節　マーケティング管理

　物価が継続して下落するデフレーション経済を迎えて久しい。所得が下がるので人々の消費は冷え込み、一層の買い控えが加速する。消費者は、可能な限り出費を抑制する一方で、こだわりがあるものへは出し惜しみしない消費の二面性という特性を備える。つまり、同一人物が消費に関して異なる2つの特性を併せ持っており、懸命に節約をする一方で積極的に購買行動を行うのだ。

　コンビニエンス・ストアでは、取扱商品の中でも高価格帯のスイーツの売れゆきが好調である。若者が乗用車を買い控える代わりに、高額なアメリカ製オートバイのハーレー・ダビッドソンをファッション・アイテムのひとつとして購入することも珍しくなく、その国内販売台数は堅調に推移している。

　目減りした給与を節約することで、商品の購入可能性は狭まるどころか広がりさえ見せる。論理は異なるものの、高額所得者と一般所得者の実質上の可処分所得がそれぞれ増えることになり、彼らは積極的な購買行動を行う。前者の購買行動は所得の二極化、後者のそれは消費の二面性で説明される。その一例として輸入自動車販売店の増加を指摘できる。高額所得者にとってのデフレーションは、可処分所得を一層増やすだけであり輸入自動車の購入を直ちに取り止める理由にはならない。一方でこだわりのある一般所得者は、自宅を所有することを諦めてでも輸入自動車を新車で購入する。供給過多となった中古車が市場に流通することで相場が下がるので、修理費等の維持費が国産車と比較し

て割高で燃費も悪い輸入自動車に対して従来は関心を示すことがほとんど無かった一般所得者も購入する。つまり、本来は冷え込むはずの消費が伸びをみせるのだ。

デフレーション経済下の消費者は低価格志向であり、企業の対応もそれに向けたもののはずである。しかし、マクドナルドの高級化路線や、グルメ回転寿司と称される高級回転寿司店の増加に象徴されるように、経済理論と矛盾するかのような傾向も見受けられる。市場に対応するものがマーケティングであるが、市場を牽引するのも、またマーケティングであり大変奥深い。このように、経済構造が一層に複雑化の様相を呈する市場に対してマーケティングが求められる。

市場が成熟し飽和状態にある現代において、企業が商品を幅広く流通させることには大変な労力を伴う。なぜならば、拡大が見込めない市場において、おびただしい企業との競争が激化するためだ。複雑で多様化を極める現代社会において自社商品を途絶えることなく供給してゆくには、マーケティング活動に創意が求められる。絶え間なく変化を続ける消費者ニーズに自社を創造的に適応させるために、マーケティングを企業経営の基本理念と同列に捉えて全社的な活動として実践することも肝要である。

マーケティングとは商品を販売する活動のみに重きを置いた技術を指すのではなく、消費者が当該商品に思わず手を伸ばしたくなるような購買行動を喚起させる活動である。初めてのマーケティングの定義はアメリカ・マーケティング協会（American Marketing Association/AMA）の前身である全国マーケティング教師協会による1935年まで溯る。その後、1948年、1960年、1985年、2004年、2007年、2013年と定義が改訂されている[1]。これらからもわかるように、時代の要請を受けてマーケティングの捉え方は変化している。

マーケティング諸活動を円滑に遂行するものがマーケティング管理に他ならず、その中心は4P戦略の策定である。すなわち、製品（Product）、価格（Price）、経路（Place）、販売促進（Promotion）の4要素を適切に配分して実行するマーケティング・ミックスの検討である。

次節以降で、時代と共にマーケティング管理がどのように変遷してきたかを、それの登場以前から確認しよう。

第2節　大量生産体制の時代

19世紀後半のアメリカでは鉄道網や通信網の整備が進んだことで、広範に分散していた市場が徐々に結合し、全米単一市場が出現することになった。そして企業は、大量生産を行うことで巨大市場の恩恵を享受することになった。例えば1908年に発売されたフォード社のモデルTは、テイラーの科学的管理法から着想したベルトコンベヤを導入することで流れ作業による大量生産方式を実現した。これにより、当時は大変高額であった自動車の価格の大幅な引き下げに成功した。黒一色で装飾品等が一切ないモデルTは1,500万台以上が生産され幅広く消費者に支持された[2]。

このように、消費欲求が比較的同質な時代においては、市場全体があたかもひとつの塊であるかの様に見なして、画一的なマーケティング・ミックスを市場全体に適合させることで効率の高いマーケティング活動を展開することができた。フォード社以外にも、コカ・コーラ社も大量生産で躍進した企業である[3]。

このような生産方式による販売が容易になされた当初は、単一商品であっても消費者ニーズに適合したそれらは作れば売れた時代であり、マーケティング登場以前であるとも位置付けられる。大量生産された商品の意義を確認すると、商品の均質化が加速するのと同時に、原材料の大量仕入れによる製造原価引き下げもなされ、低価格でありながら高品質な商品の生産が可能になった。このような商品は中小零細企業が生産した商品と比較して、品質と価格の両方における優位は歴然であり、それらを駆逐して寡占化へと向かう。

ただ、大量生産システムは社会的批判を浴びることもあった。当該システムの基礎を築いたテイラーやフォード[4]は公の場において、このシステムの社会的な正当性を弁明しなくてはならなかった。それらの批判は、「大量生産システムは、製造企業が利益追求のために労働者に過酷な労働を強いるものである」

というものであり、彼らの真意が伝わらなかったという悲しい側面もある[5]。しかし、今日のユニクロやニトリなどを見る限り、それらの企業は消費者の圧倒的な支持を得ている。特に、商品を製造企業に委託生産して小売店舗で販売する製造小売企業（SPA）の躍進の原動力はこの大量生産システムの賜であり、今日的にも商品の生産に係る土台となっている。

第3節　寡占企業の競争の時代

　大量生産方式により資本の集中が加速し、そこで生産された商品自体の競争力によって中小零細企業が駆逐された。このシステムのますますの進化は新しい問題を生じさせた。生産性の向上は人間の労働量を減少させ、中小零細企業で就労していた従業員の職を奪うこととなり、市場の狭隘化を招いた。拡大する見込みが皆無の市場において寡占企業が更なる市場の開拓を行うためには、他社市場を奪う以外の選択肢はない。しかし、競合他社も寡占企業であり、大量生産システムによる商品の品質と価格は拮抗していた。

　商品の差別化とは、自社商品に差別的特徴を付加することで競合他社と識別させる活動である。特別な機能、良質な原材料の使用、洗練されたデザイン等の物的な差異に、広告を始めとするマーケティング諸活動が加味されることで消費者を強力に引きつけることが可能となる。

　製品差別化戦略において、商品そのものの改良は生産設備の変更なども伴う大掛かりなものとなるため、それを避けるような差別化がなされる。特に、商標を付与し、そのイメージを広く消費者に伝えることによって、他社商品との差別化が図られた。この段階からがマーケティングの始まりとなる。マーケティングは一般大衆消費者への積極的な意識操作を図ろうとする活動であり、全国に向けての広告宣伝活動を基本とする。商標の付与はその意味からすれば、マーケティング活動を行うための出発点であるといえる。

　この商標による効果は非常に重要である。商標が付与されていない商品が市場のほぼ全体を占めていた時代には、消費者は確かな品質が約束された商品を

購入しようとする際の手掛かりを小売商業者に求めていた。特定の小売商業者が誠実な販売活動をおこなっているという事実は、そこで取り扱われている商品の品質を間接的に担保した。そのような時代の商品の価格決定権は、小売商業者に委ねられていた。しかし、商標が付与され、それに対する良好なイメージが形成されて広く認められる様になると、小売商業者の判断に委ねられていた販売をメーカーが管理することができるようになった。マーケティングによる小売商業者への間接的管理がここにある。

　市場のニーズが均一であるならば、単一のマーケティング・ミックスで充分に対応が可能である。つまり、市場に喉の渇きを訴える人々が存在するのであれば、飲み物を販売することで彼らの欠乏感（ニーズ）を満たすことができる。しかし、やがて市場が飲み物で満たされた状態になると、創意工夫を凝らさなければ飲み物の販売は振るわなくなる。なぜならば、この状態では人々は単なる飲み物だけでは満足することができず、「ミネラル・ウォーターが飲みたい」「コーヒーが飲みたい」といった具合に、それぞれに異なる個別の欲求（ウォンツ）を満たす必要が生じる。

　成長期においては、商品そのものに勢いがあるので販売促進にそれ程の努力を投じる必要がなく、消費者の選好の多様性は問題にならない。拡大し続ける需要に対して供給が下回るためだ。しかし、成熟期では基本的需要の伸びは期待できず、限られた需要を求めて展開される企業間の製品差別化競争は、消費者の選好基準を不明瞭なものにすると同時に、自社商品の物的、知覚的な差異を消滅させるので競合商品との差別性が希釈される。その結果、効果を維持していくためのコストが効率的でなくなり、製品差別化戦略の限界が訪れる。

　それに対応するべく市場細分化戦略が登場する。これは、同質的とみなしてきた一つの市場を、企業の思惑による特定の基準で分割し、それに合致した商品でマーケティング活動を展開する戦略である。共通ニーズ、商品の認識の仕方、価値観、購買行動などが類似する消費者集団が市場から抽出される。

　市場を細分化する変数は多岐に渡る。具体的には、国や地域等の地理的変数、性別や年齢、職業や所得等の人口動態変数が利用される。地理的な細分化では

市場を国、地域、市等に分割する。日清食品のインスタント麺「日清のどん兵衛」の場合は、発売に先駆けて行ったマーケティング調査で岐阜県関ヶ原付近に味の境界があることを究明し、全国展開のカップ麺として初めて地域別に味を分けて発売した。現在でも、東日本と西日本で異なる味の商品の販売を継続しており、東日本仕様は、かつおだしを利かせた色の濃いつゆが特徴であり、西日本仕様は、昆布だしを利かせた色の薄いつゆが特徴だ。さらに、北海道では、味わいの異なる「北のどん兵衛」ブランドを販売している。

もちろん、消費者ニーズは、居住地や年収額等と密接な関係があることは確かである。ただし、これらだけでは容易に理解できない消費者の行動パターンもある。本来は、安価な商品とは無縁のはずの消費者層が、従来とは異なる消費行動を見せている。例えば、100円均一ショップで買い物を楽しむ高額所得者である。富裕層の彼らは、非日常空間での消費行動を楽しんでいるだけであり、逼迫する家計をやり繰りするためにそれらの店を利用する一般消費者とは異なる。消費の二面性は成熟社会における一般所得者に特有の消費行動であり[6]、ここで見られる高額所得者の行動は選好の多様化と解釈するのが妥当であろう。その他、大衆向けの串カツ店や評判のラーメン店の利用などが従来と異なる高額所得者の消費行動である。

そこで近年では、趣味やライフスタイル等の心理的変数の重要性が増している。この細分化では、社会階層、ライフスタイル、パーソナリティなどを軸に消費者をいくつかのグループに分ける。たとえ同じ人口動態グループに属していたとしても、まったく異なる様相を示すことが指摘されている[7]。心理的変数や行動変数が加味される事によって、より詳細なマーケティング活動を展開することが可能になり、一層に高い効果が期待できる。

市場細分化戦略は競合他社でも同様に採用される。その結果として、市場には膨大な商品の選択肢が形成される。それと同時に、寡占企業の商品は全国規模の認知度があり、至る所で消費者の目に留まることから、同一商品が競合する小売店舗で販売されている可能性も高い。そのような場合の消費者は、より安価で販売されている小売店舗で購買するようになる。それゆえに、小売店舗

間での低価格競争が繰り広げられる。開放型の流通経路によって全国隅々にまで行き渡った知名度が高い商品は、同時に低価格競争に巻き込まれる必然性もある。それを回避する動きとして、次節の閉鎖的流通経路としての系列体制を形成しようとする。

第4節　系列体制の時代

　系列体制は、企業が自社商品の値崩れを防ぐことができる等、末端をコントロールできる点で優れている。卸売業者や小売業者等の異なる経済主体がメーカーの系列傘下に収まることで、生産から販売に至るまでのマーケティング活動の過程を一貫して遂行することが可能になるためだ[8]。

　マーケティング活動とは、商品の企画から販売に至るまでの活動の総称である。メーカーは自社が企画した商品を生産し、その商品は小売業者によって消費者に販売される。メーカーと小売業者は、それぞれが独立した異なる経済主体であり、その思惑は異なっていて当然である。メーカーが自社の商品が適切な価格で店頭に並ぶことを希望していても、場合によっては、特売日の目玉商品として小売業者によって廉売されるかもしれない。どの小売業者で購入しても商品の内容はまったく同一であり、消費者の大量生産される商品に対する購買基準は価格にのみ絞られるので、そのようなことは容易に想像できよう。

　この様な事態が頻繁に起こることになれば、消費者には当該商品が「特売品として安く売られる商品」として認識され、メーカーを「特売品を作る会社」と認識するようになるであろう。メーカーにとっては自社商品の価値低下につながることであるので何としてでも避けたいが、小売業者は経済主体が異なるので、メーカーのコントロールは及ばない。ここにおいてメーカーが主体となって流通業者を傘下に収める系列システムが登場する。

　寡占企業が生産量を継続的に高め、流通系列化を支える小売業者への動機づけとして、販売代金の一部を払い戻すリベート制（割り戻し）、販売地域を制限するテリトリー制、卸売価格や小売価格を設定する建値制などの制度がある。

リベート制は実勢価格と建値との差額が小売業者に補填され、テリトリー制は独占的な利益が保証される。建値制は流通各段階における価格設定基準を定めることで価格競争が抑止され、各段階での安定的した利益が見込める。

　もちろん良いことばかりではなく、制度の欠点もある。例えばリベート制は販売努力に対する報奨であり、小売業者は積極的にリベートを希望する。しかし、消費者への販売が確実に行えない状況下では、当該商品を量販店に横流する場合がある。その量が多くなれば、消費者は量販店で商品を購買するようになり、系列化による価格維持が困難になり本末転倒となる。独占禁止法の施行とは関係なく、このシステムの維持が困難になる。

　しかし、全ての商品がそのような状態に陥るのではなく、高級化粧品、医薬品、ディーラー販売店による自動車[9]などは実質的にはこのシステムに近い形で残されている。それは寡占企業の思惑が強引に押し通されたというものではなく、消費者側もこのシステムを好意的に受け入れたと考えるのが妥当である。

　対象となる商品は限定されるものの、系列化システムは開放型流通経路には見られない、消費者への個別的で長期的な関係性を前提とする品質の高いサービスを提供する仕組である。

第5節　強力な小売企業の台頭

　小売業者は、同じ商品であるならば少しでも安く消費者に販売することで競争上の優位性を獲得する。それを実現するためには大量に商品を仕入れることが重要であり、全国各地に店舗展開をすることによって規模の拡大を図ることになる。また、吸収合併も行われ、小売企業も製造企業と同様な寡占化が進む。このような小売企業は単に商品を仕入れて販売するだけに止まらず、次第に商品の生産に直接係わりをもつようになる。一定量の販売を確実に行うことが可能な小売企業は、卸売企業を介することなく製造企業に自社の独自商品としてのプライベート・ブランド商品（以降 PB 商品）の生産を委託する。

　中小零細企業が生産する PB 商品の台頭は小売企業の寡占企業への対抗力と

して認識されている側面もある。しかし、大量生産システムの恩恵は寡占製造企業だけでなく大手小売企業にも等しくもたらされる。高品質であるにも係らず低価格で商品を生産することが可能なこのシステムによって、各小売企業が消費者への訴求力とするプレミアム的位置づけの商品が生産されるからだ。

究極的には、アメリカのように、寡占製造企業が生産するナショナル・ブランド商品（以降NB商品）を一切排除した中小零細企業が生産するPB商品のみで売場が構成された店舗が想像される。

しかし、日本においてはPB商品がNB商品を凌駕して小売企業の店舗からそれらを一掃し、PB商品のみで取扱商品が構成されるとは到底考えられない。なぜならば、寡占メーカーのNB商品は消費者への訴求力が非常に高く、一刀両断にそれらを排除することは経営の面で好ましくないからだ。NB商品の中でも、プレミアム的位置づけの商品の品質は高く、中小零細企業の商品では到底太刀打ちできない。例えば、ポテトチップスはコモディティ化が進んでおり、競合するコンビニエンス・ストアの品揃えに差異は認められ難い。そこで、プレミアム的位置づけのNB商品を取り扱うことが競争力を獲得する[10]。つまり、大量生産システムによって質の高い商品が生産されるためNB商品の品質はPB商品を大きく上回ることとなり、魅力の点で引けを取るPB商品のみでの商品構成は成立しなくなる。結果的に中小零細企業が生産するPB商品は、寡占製造企業が生産するNB商品との協調関係を常に模索することとなり、共存する道を模索することになろう。

注

1) アメリカ・マーケティング協会／マーケティングの定義 https://www.ama.org/AboutAMA/Pages/Definition-of-Marketing.aspx(2015年6月1日アクセス)。
2) Tedlow, R.S., *The Story of Mass Marketing*, Basic Books, 1990.（近藤文男監訳『マス・マーケティング史』ミネルヴァ書房、1993年、152ページ）。
3) 近藤文男、同上書、123-129ページ。
4) 近藤文男、同上書、139ページ。
5) 松井温文「企業の生産・研究開発戦略」高木直人編『経営学入門』五絃舎、2014年、

127-128 ページ。
6) 拙稿「価格戦略 - 新しい高価格戦略 -」伊部泰弘・今光俊介・松井温文『現代のマーケティングと商業』五絃舎、2012 年、62 ページ。
7) Kotler, P. and Armstrong G., *Principles of Marketing, fourth edition*, Prentice-Hall, 1983（和田充夫・青井倫一訳『新版マーケティング原理』ダイヤモンド社、1995 年、288 ページ）。
8) 松井温文「経路戦略」伊部泰弘・今光俊介・松井温文『現代のマーケティングと商業』五絃舎、2012 年、87-88 ページ。
9) 鳥羽誠一郎「自動車ディーラー」松井温文編『サービス・マーケティングの理論と実践』五絃舎、2014 年、159-161 ページ。
10) 例えばカルビーが、2014 年 8 月にコンビニエンス・ストア限定で期間限定発売した人気中華調味料製造企業との共同企画商品「ポテトチップス 味覇（ウェイパァー）味」。

第10章　生産管理

第1節　生産管理

　生産管理は製品やサービスを産出するにあたって行われる技術予測から製造までの範囲を対象としている。JIS（日本工業規格）によれば「財・サービスに関する管理活動。具体的には所定の品質Q・原価C・数量及び納期Dで生産するため、またはQ・C・Dに関する最適化を図るためヒト・モノ・カネ・情報を駆使して、需要予測、生産計画、生産実施、生産統制を行う手続きおよびその活動」[1]と定義付けられている。

　生産管理に関連する要素はヒト、設備、資材、方法、資本の5つがあげられる。ヒトを管理する内容は勤怠状況、配置、異動、教育訓練などである。設備を管理する内容は設備の購入、設置、稼動、保全などである。資材を管理する内容は原材料・部品などの資材の発注、在庫管理などである。方法は技術管理と製造管理に分けられる。技術管理は基礎・応用技術、設計などである。製造管理は製造方法、検査などである。資本を管理する方法は資本の調達・運用、製造原価、会計報告などである[2]。

　本章ではテイラーの科学的管理法、フォードの生産システム、トヨタの生産方式の3つを取り上げる。これら3つは生産管理において基本的であるが非常に重要な管理方法である。ただ、テイラーの科学的管理法とフォード生産システムは人的資源管理や人間関係論の中で取り上げられる場合もあることから、ヒトの問題ではないかと考える人もいるかもしれない。それも正当な意見

である。しかし、生産管理はモノの産出活動であるが、ヒトを排除して成り立つものではない。

第2節　テイラーの科学的管理法

　本節ではテイラーの科学的管理法を取り上げる。経営管理について一般的に取り上げられるのがテイラー・システム、もしくはテイラーの科学的管理法である。その前に、テイラーの科学的管理法は労働者に低賃金労働を強いるためのシステムではないということは強く注意しておく。このことに対する誤解が今なお広く浸透し、テイラーに対する本当の理解がなされていないように思われる。テイラーに対する評価はさまざまであり、全面的に支持する立場と非難する立場に大きく分かれる。ただ、重要なことは、どちらの立場をとるにしてもテイラー・システムに対しての正当な理解をもたなければならない[3]。

　アメリカ南北戦争後、アメリカ経済は急速なスピードで工業化を遂げ、わずか半世紀でヨーロッパの先進工業国を抜いて世界最強の工業力をもつ国となった。しかし、経済の急速なスピード成長に対応して、生産規模を拡大していった企業（工場）は、深刻な労働者の管理問題に突き当たった。このことによって、経営者の管理範囲が企業の隅々まで行き届かなくなり、従来の管理方法では、現在抱えている内部事情の問題を解決が出来ない状況に追い込まれていた。

　科学的管理法が確立された背景には、彼が勤務していた機械工場における管理者の思いと、それに反する労働者の勤務状況がある。19世紀末、アメリカの大規模な工場で働く労働者に対する管理は、経営者の経験と勘に頼った成行管理が実施されていた。

　成行管理とは経営者が労働者に対して一日の労働量を決め、生産目標を達成した場合は高い賃金を支払う方法で労働者のやる気を高める方法である。しかし、頑張っても達成できないほどの高い目標を設定された労働者は、頑張れば頑張るほど仕事量が増えるだけで賃金が増えないことになった。

　そのような状態の労働者は管理者の目を盗んで組織ぐるみで仕事を怠けるよ

うになった。このことを「組織的怠業」という。テイラーは組織的怠業を解決し、生産規模が拡大した企業における労働者の管理問題と組織的怠業を解決するために、成行管理に代わる新しい管理方法を解決した。それが科学的管理法である。企業（工場）は挙って、「科学的管理法」を導入することによって、深刻な管理問題を解決する事が可能となった。

　テイラーは1895年に「一つの出来高給制度」[4]という論文を発表した。それはテイラーがミッドヴェイル製鋼会社に一職工として入社して退社するまでの約10年間における研究と実験の結果、好成績をおさめた管理制度についてまとめられたものである。

　同論文の「―労働問題の部分解決の第一歩として― 」[5]という副題が暗示するように、当時の工場に広くみられた賃金をめぐる労使間の対立、抗争の解決を狙いとしていた。

　労使間の対立の原因はそれまでの賃金制度にあった。経営者側は労働者に高い賃金を与えたいと考えていた。そのためには利益が必要である。利益を出すためには労働者に一生懸命働いてもらいたい。しかし、労働者側は働けば働くほど労働が強化され、最終的には賃金が減ると考えていた。

　テイラーは労使の利害の一致を目指して、各作業を細かく分解し、それらの各作業時間をストップウォッチで測定し、公正な一日の仕事量を決定した。その測定に基づいて要素別賃率設定を重視し、そして要素別賃率の決定を専門とする独立部門の設置を主張した。テイラーは労働者を動機付ける方法として差別出来高給制度を設けた。すなわち、同じ仕事に二種類の異なった賃率を設け、決定された最速時間で作業を達成すれば高い賃率を、達成ができなく、作業に欠点があれば低い賃率を適用する制度である。

　最速時間での作業には注意が必要である。最速時間と聞くと脇目も振らず一心不乱に一日中労働している姿をイメージするかもしれない。それこそがテイラーの科学的管理法は低賃金での労働を強化するという誤解に繋がっている。一流労働者の最高能率や最速時間は全力を発揮するときや過度な労働をしている状態ではない。一般的な労働者が長期間、健康を害することなく働き続ける

ことができる状態のことを表している。すなわち一時的な最高ではなく、持続的な最高を意味している[6]。

「一つの出来高給制度」の思想は、自らが実施した管理制度を述べて要素的賃率決定の必要と、差別的出来高給の有効を主張した。その思想を磨き上げてられたのが、最大の著書「工場管理」である。工場管理では「管理の技術」の確立が目指してある。テイラーの表す「技術」のもっとも重要な部分を形成するのは、経営者と労働者との関係であり、管理制度はすべて、労使双方が満足し、利害が一致すること。そして両者が強調する方向へ導かれることとしている[7]。

このことを端的に表すと、労働者は高い賃金を要求する。経営者は低い労務費を要求するという、矛盾すると考えられることの実現である。その実現のために課業管理が必要となる。テイラーはこの目的を達成するために四つの原則を定めた。

①一日の課業
　各労働者はその地位の上下にかかわらず毎日なすべき課業（仕事）を与えられなければならない。この課業は絶対に明確なものでなければならない。その内容と輪郭がはっきりしてなければならず、あいまいな部分があってはならない。また課業の達成が容易すぎてもならない。
②標準条件
　各人の課業（仕事）は一日がかりの仕事でなければならず、同時にまた、工員には確実に課業（仕事）を完了できるための標準条件と用具が与えられていなければならない。
③成功に対する高い賃金
　各労働者が与えられた課業を成功した場合は高い賃金を支払う。
④失敗に対する損失
　失敗した場合はそのための損失を被る。

　科学的管理法の出発点は、組織的怠業の解消であった。テイラーが労働者の

作業に着目してその解決に取り組んだのも、自ら工場現場で働いていた経験があったからであろう。真面目な性格のテイラーはそれを許さなかった。しかも解雇は無効であると考えたテイラーは労使双方が受け入れる管理方法を確立していった。その結果、お互いが尊重し合って良好な関係が築かれていった。

第3節 フォード生産システム

　テイラーの科学的管理法が低賃金労働を強いるという誤解があるのと同様に、フォード生産システムによる大量生産も消費者の多様なニーズを無視して、低賃金労働を強いるものであるという誤解がある。
　これが大きな誤りということはフォードの経営指導原理を見れば理解できる。フォードの経営指導原理は「営利主義を否定して、奉仕主義の提唱」、「低価格と高賃金の原理」である[8)][9)]。フォードの奉仕の精神は富裕層のみが所有する自動車を一般大衆に普及することにあった。そのため特別な好みをもたない95％の潜在顧客に焦点を当てた。その潜在顧客のニーズを満たす方法と、一般大衆には低価格な自動車の提供、自社の労働者には高賃金の支給を実行した結果がフォード生産システムである。
　まずフォード生産システムが確立するにあたって、フォードの生産の歴史を振り返る。1903年、フォードが40歳のときにフォード自動車会社を設立した。設立後1年は「A型」（価格850ドル）のみを生産し、翌年にA型を廃止した。その後、「B型」（価格2,000ドル）、「A型」の改良版である「C型」（価格900ドル）、「F型」（価格1,000ドル）を製造した。更に会社設立3年目の1905年には「C型」を廃止し、「B型」と「F型」の生産に特化した。しかし販売台数は減少の一途をたどった。原因は低価格製品から高価格製品への移行であった。この原因に関してフォードは株主と見解の相違をきたした。フォードは自らが直接会社経営することの必要性を痛感し、株式の51％を取得して1906年から会社方針の方向転換を行い、低価格製品の製造へ特化した[10)]。そして1909年に「T型」が生み出された。

フォード生産システムとはT型の生産において確立された大量生産システムであり、今日の自動車生産においても基準となる。その特徴は製品や部品の標準化と移動組立方式である。

1. 標準化

まず製品の標準化として、T型一車種のみを大量に生産して、規模の経済を生かすことで大幅なコストダウンが図られた。それにより、販売価格が値下げされた。

次に部品の標準化である。T型の一車種のみの生産だけでなく互換性部品の規格化も進められた。そうすることで自動車が故障して部品交換が必要となった際も、質的改善が施された新しい部品と交換することも可能となる。それがたとえ何十年使用された自動車であっても、耐用年数が延長される。フォードでは、各地の工場で部品が作られ、それが組立工場に集められて、自動車工場で組み立てられていたが、各工場で作られた部品の規格が一致していないと組立ができない。そこでフォードは、作業精度を向上させることに留意し、場合によっては1万分の1インチの精度を要求した[11]。製品の標準化、部品の互換性によりフォードが理想とする一度購入すれば二度と購入する必要のない自動車の販売が現実化した。

ここにフォードの標準化の問題についての経営哲学を紹介する。

「私の理解する標準化とは、一つのよく売れる製品を作ることでもなく、それに集中することでもない。それは、大衆にもっとも適した製品は何か、そして、それをいかにして生産するか、そのために計画を真剣に練ることである。その標準化された生産方式は、その過程で自然と開発されるものだ。そして、生産を利益第一主義からサービス第一主義に移行するようになれば、利益はすべてにもたらされ、事業は本当の姿になっていくものなのだ。」[12]

2. 移動組立方式

製品や部品の標準化を進めたフォードは、それらがもっとも効率的に遂行さ

れるシステムとして移動組立方式を開発した。いわゆるコンベアシステムである。コンベアシステムは大量生産を可能にする生産システムである。素材がベルトコンベアによる流れ作業の中で機械加工され、組み立てられて完成部品となり、それらが集結して組み付けられて自動車が完成する。

フォードは製造方法の合理化のために、「作業に関する2つの一般原則」を定めた。1つ目は、労働者は一歩以上動くべきではなく、可能であるならば、この一歩も避けるべきであるとするもの、2つ目は、労働者は腰を曲げるべきではないとするものであった。

フォードの経営指導原理について注意しておかなければいけないことを付け加える。フォードが否定したのは営利主義であり、利益は決して否定していない。企業経営にとって利益は必要不可欠であり、それなくして奉仕活動はできない。利益があって奉仕をするものではなく、奉仕に対する報酬の結果として利益が得られる[13]。

現代は自動車を所有することが当たり前になっており、大学生が自動車に乗ることも珍しいことではない。そのような状況であれば他人とは異なる自動車に乗りたいという多様なニーズが存在してもおかしいことではない。しかし、フォードが生きていた時代は1900年代初頭である。当時の自動車は富裕層のみが所有でき、庶民にとっては高嶺の花の存在であった。そのような高価なモノを一般大衆に普及させるべく、ベルトコンベヤを用いた移動組立法で可能となった大量生産で、自らの思いを結実させたフォードの業績は賞賛に値する。

当時の一般大衆が自動車に対してもっていたニーズは自動車を所有することであり、他人と異なる自動車を所有することではなかった。したがってフォードは当時の一般大衆がもっていたニーズを見事に満たした。

第4節　トヨタ生産方式

テイラーの科学的管理法やフォード生産システムは、規模の経済性を発揮して大量生産を実現し、コストダウンを図ることが重要とされて、部品や製品の

標準化を図る生産方式が効率性を発揮していた。

　テイラーやフォードは量的な生産管理を行ってきた。しかし今日の生産管理においては量的な管理に加えて多品種を生産する技術や、必要な時に必要な量を供給する技術など、質的な生産管理法方法も求められる。この量と質の両方の生産管理をする代表的な方法にトヨタ生産方式がある。本節においてはトヨタ生産方式をみていく。

　トヨタ生産方式は徹底的にムダを排除する思想から生み出された。トヨタが考える生産上のムダとは①つくりすぎのムダ、②不良をつくるムダ、③手待ちのムダ、④動作のムダ、⑤運搬のムダ、⑥加工そのもののムダ、⑦在庫のムダの7つが挙げられる。トヨタ生産方式はこれらを排除し、効率的な生産方式を確立するために生み出され、「ジャスト・イン・タイム」と「自働化」の2本柱から成り立っている[14)][15)]。

1．ジャスト・イン・タイム

　ジャスト・イン・タイムとは経済効率を高めるための生産技術である。自動車は1台あたり30,000種類からなる部品で構成されている。当然ながらこの膨大な部品数で生産するためには緻密な生産計画が求められる。ジャスト・イン・タイムには生産の流れを逆からみて、後工程が前工程に必要なモノを、必要なときに、必要な量だけ取りに行く方法が用いられる。これを実行することで前工程は引き取られた分だけを生産するので不要な在庫が発生しない。在庫は物理的にも財務的にも経営を圧迫する。したがって在庫が限りなくゼロに近い状態は企業にとって理想である。この方式の前提には平準化生産がある。平準化生産とは安定してモノが平均的に流れ、作業にムダを生じさせないことである。

　トヨタはジャスト・イン・タイム生産を実行するために後工程引取り方式（プル方式）を実施した。この時に用いられる管理道具が「かんばん」である。「かんばん方式」とは「かんばん」と呼ばれる生産指示標を用いて情報を伝達するトヨタ生産方式の代表的な生産管理方法である。かんばんは「生産指示かんば

ん」と「引取りかんばん」の2種類に大別される。

　生産指示かんばんは仕掛けかんばん、生産かんばんとも呼ばれ、製造工程の作業指示をするための情報伝達に用いられる。引取りかんばんは運搬かんばんとも呼ばれ、部品や原材料を引取るための情報伝達に用いられる。かんばんには、品名、品番、荷姿、収容数、加工数、ライン、発行枚数、前行程名、後工程名、基準数などが記載される。

　かんばんの目的は品質の向上、作業改善、在庫の低減である。かんばんをみて、顕在化した問題点を明確にすることで、目でみる管理が可能になる。かんばんが多い状態とは多くの生産指示が出されていることになり、在庫が増える可能性がある。したがってかんばんを減らす努力が必要である。

2. 自働化

　ジャスト・イン・タイムは生産における経済効率を高め、ムダのない流れを目指した生産方式であった。これに対して自働化は流れを止めることに重点を置いている。いわばジャスト・イン・タイムとは対をなす生産方式である。トヨタ生産方式においてこれら二つは両立し、相互にかみ合って機能している。

　「自働化」と表すと「自動化」の間違いではないかと思われるかもしれないが、これは決して誤りではなく、トヨタ生産方式における正式な表記方法である。ニンベンのある自働化は、トヨタでは「自動停止装置付の機械」をいう[16]。

　この自働化とは不良品を生産しないために、製造工程において問題が発生したときに機械が自動的に止まる仕組になっている。「この自動機にニンベンをつけることは、管理という意味も大きく変えるのである。すなわち人は正常に機械が動いているときにはいらずに、異常でストップしたときに初めてそこへ行けばよいからである。だから一人で何台もの機械がもてるようになり、工数低減が進み、生産効率は飛躍的に向上する。」[17]

　在庫をもたない生産方式は一部では万が一に備えて在庫をもつべきだという批判的な意見もある。しかしトヨタは機械の故障を前提として在庫をもつことを否定し機械の故障を未然に防ぐことに重点を置いている。つまりトヨタが重

視したことは在庫をもつという治療方法よりも機械の故障、工程の不具合を発生させない予防策である。

　トヨタ生産方式では大量生産を実行しながらもその中で生じるムダを徹底的に排除することにより、高品質、高収益が実現される。その根底にはトヨタが長い年月をかけて組織ぐるみで築き上げてきた小さなムダでも排除することができる「カイゼン」のできるヒト作りがあることを忘れてはならない。

注
1) 日本工業標準調査会 HP （http://www.jisc.go.jp/app/pager?id=469184）
2) 山田啓一「生産管理」片山富弘・山田啓一編著『経営学概論』同友館、104 ページ。
3) 藻利重隆『経営管理総論（新訂版）』千倉書房、35 ページ。
4) 同上書、37 ページ。
5) 岡田和秀「フレデリック・W・テイラー ―「科学的管理」の父―」坂井正廣編著『人間・組織・管理 その理論とケース』文眞堂、1979 年、52-53 ページ。
6) 藻利、前掲文献 53-54 ページ。
7) 同上書、45 ページ。
8) 同上書、95 ページ。
9) 同上書、115 ページ。
10) 同上書、118-119 ページ。
11) 同上書、126-128 ページ。
12) ヘンリー・フォード著、豊土栄訳『20 世紀の巨人産業家 ヘンリー・フォードの軌跡』創英社、2000 年、32 ページ。
13) 藻利、前掲文献、111 ページ。
14) 佃律志『トヨタ生産方式の基本としくみ』日本能率協会マネジメントセンター、2012 年、16 ページ。
15) 同上書、28 ページ。
16) 大野耐一『トヨタ生産方式』ダイヤモンド社、1978 年、15 ページ。
17) 同上書、15 ページ。

【参考文献】

ヘンリー・フォード著、豊土栄訳『20 世紀の巨人産業家 ヘンリー・フォード著作集・上巻』創英社、2000 年。

ヘンリー・フォード著、豊土栄訳『20世紀の巨人産業家 ヘンリー・フォード著作集・下巻』創英社、2000年。
松井温文「生産管理」伊部泰弘・今光俊介編著『現代社会と経営』ニシダ出版、2011年。

第 11 章　研究開発管理

第 1 節　研究開発とは

　企業にとって研究開発の目的はひとつである。それは市場で売れ、利益をもたらす製品やサービスを作り出すことである。人工知能を備えた最先端技術によるロボット、高度な技術が用いられた日用品的存在であるゲーム機や携帯電話、デザイナーの想像力の現れとしての衣服、まさに日用品である清涼飲料水やインスタントラーメンといった製品はすべて研究開発の過程を経ている。本節では研究と開発の意味と関係、および研究開発そのものについて理解しよう。

　研究と開発の活動内容は相違する。開発は、消費者の欲求を製品に具現化する活動である。すなわち商品化の過程である。一方の研究は、新製品に必要であろうと考えられる既存製品の機能向上、新機能の追加、あるいは新しい効用やその組合せなどを発見するための活動である。当然、両活動の成果については、開発の場合は市場に、研究の場合は研究開始時の目標に係って評価がなされる。

　両活動内容の相違から推測できるように、研究は開発の前段階にある。例えば、インクが消えるボールペンを開発するためには、熱で消えるインクの発明が前提になる。だが、研究によって産出された成果は必ずしも製品に用いられるわけではない。漫画家は常に多くのキャラクターを構想するが、そのすべてをストーリーの中に登場させるわけではない。インスタントラーメン用の新しい味のスープも多数作り出されるが、それもすべてが利用されるわけではない。

それでも、多くの企業は研究に資金と時間を投入する。その理由は、先行者利益の獲得と競争市場への対応にある。例えば、1990年初頭まで蛍光灯やブラウン管テレビの蛍光体を生産していた日亜化学工業は、新たな蛍光体を発見するために研究資金を投入し続けた。その結果、当時日亜化学工業の研究員であった中村修二氏と大学教員である赤城勇氏、天野浩氏が、世界初の青色 LED（青色発光ダイオード）の大量生産を可能にする「ツーフロー MOCVD」を発明した。これによって同社は莫大な利益を獲得し、大きく成長した[1]。

こうした先行者利益を獲得するために、企業が組織的に研究開発するようになったのは 19 世紀の末である[2]。初期の研究開発は、専門知識を有しない経営者が研究者たちに指図するのではなく、研究環境を整えて、彼らに研究課題を選択させ、その研究成果を製品化するというものであった。しかし、市場や経営に明るくない研究者たちは、自分たちの関心による研究課題を選択していたため、支出に見合うだけの貢献は得にくかった[3]。今日、経営者は研究者に研究の方向性を設定するようになった。

経営者は自社の研究開発戦略に従って、研究の方向性の他に、研究と開発をひとつの部署に集約する、別々の部署に分離する、あるいは最初から製品に係る研究成果を社外に求めるというような意思決定をする。当然、研究活動のみに専念する企業や研究所もある。

第2節　研究開発の方向性と製品概念

企業は自らの市場に対する将来予測に従って、研究開発の方向性を決定する。言い換えれば、企業は将来どのような製品が売れるのかを考え、その製品を作るために必要な研究開発を行う。

ここで注意すべき点は、たとえ同じ業界に属していても、各企業の研究開発の方向性が一致しないことが多い。例えば、同じ金属加工製品を提供しているにもかかわらず、加工技術を極め、難しい金属加工製品（例えば、痛くない針）に挑戦する岡野工業株式会社のような企業がある一方で、株式会社ミスミのよ

うに製品を標準化し、小ロットかつ素早い配送に付加価値を見出す企業もある。当然、両社の研究開発の方向性は異なる。

こうした相違は、製品に対する捉え方の相違に由来する。本節では、製品の捉え方について、エドワード・チェンバリン（Edward Hastings Chamberlin）の製品概念を学習する。

1932年、チェンバリンはそれまでの経済学ではあまりよく説明できなかった類似製品の価格差を自らが考案した独占的競争理論の視点から説明した[4]。この理論では、類似製品を単一効用ではなく、複数の効用の組み合わせ、すなわち効用の束として捉えることから出発した。例えば、パソコンのスペックや本体に組み込まれているソフトが同一の場合でも、パソコンの操作に不慣れな消費者であれば、パソコンの使用サポートが付いている製品が魅力的に思える。それに対し、そうでない消費者はこのサービスに対して魅力を感じないため、その有無にかかわらずできるだけ安価なパソコンを選択して購入するであろう。言い換えれば、前者の消費者はパソコンの機能と使用サポートという複合的効用を、後者はパソコンが元々もっている機能の効用のみを求めるのである。チェンバリンは、こうした製品に付随する効用の相違が消費者に認められて、類似製品の価格差を生み出すと考えた。

チェンバリンは製品がもつ付随的効用の範囲を、前記したサービス的な効用に止まらず、デザインやブランド、販売場所などの効用も含めた。そして、製品に組込まれる効用の数は、複数になることが一般的だと説明した。チェンバリンはこうした考えのもとで、製品を効用の束と呼んだ[5]。

製品（効用の束）がもつ効用は、大きく3つに分類できる。1つ目は、製品の中核効用である。中核効用とは、同属の製品であるならば必ずもつ効用である。例えば、冷蔵庫であれば食材を冷やして保存する、電子レンジであればマイクロ波を通じて食品を温めるというような効用である。2つ目は、製品自体に付随する効用である。例えば、製品を購入した際に一緒に付いてくるブランド名や包装、容器、デザイン、あるいはサービスなどである[6]。3つ目は、消費者が製品を購買する時に発揮する効用である。例えば、販売場所や商品説明、

割賦払いなどである[7]。

　企業がチェンバリンの製品効用の分類を意識しているかは定かでないが、製品を効用の束として捉えていることは確かであろう。例えば、パナソニック株式会社の販売する Let's NOTE（レッツノート）は、外部で頻繁にパソコンを使用するビジネスマンが重視する丈夫さとサイズ／軽さという効用を、それに対してデル株式会社が販売するコンピュータはカスタマイズされたパソコンを短期間に納品する効用を突出させている。製品効用の分類に当てはめれば、前者は製品自体に付随する効用で、後者は製品購買時の効用で付加価値を増加させている。

　こうした消費者視点を踏まえた製品概念を研究開発の方向性選択に持ち込むことは、企業にとって重要である。しかし、注意すべきこともある。ひとつは、研究開発の方向性を考えるに際しての各効用に対する費用対効果の検討である。多くの効用を付加すれば、その製品に対して魅力を感じる消費者が増加し、購入が検討される機会は増えるであろう。ただし、どの効用も研究開発、生産、流通の過程で新たな投資や費用が必要であるため、販売価格や利益に反映できない効用をむやみに増加させると、財務状況を圧迫する。

　もうひとつは、過剰品質や代替技術の登場による研究開発の方向性の転換である。例えば、2000年頃、シャープ株式会社からデジタルハイビジョン放送対応液晶テレビが発売されたにもかかわらず、ソニー株式会社は液晶テレビより綺麗に画像を映し出すハイビジョンブラウン管テレビの研究開発を頑なに継続した。しかし、ハイビジョンブラウン管テレビは、消費者が求めるテレビの小型化、軽量化などに応えられないうえ、それがもつ画面の美しさという強みも多くの消費者需要を得られなかった。ソニーはこうした過剰品質を過大評価して代替技術の登場を過小評価したため、テレビ市場のシェアを大きく落とした。

第3節　研究開発の管理

　以下は新製品開発過程の大きな流れであるが、実際の現場では各社または状況によって相違する。①製品コンセプトを設定する。これは製品開発の方針を決定付けるもっとも重要な活動である。その土台となる消費者ニーズを汲み上げる活動として、グループインタビュー、人数を絞り込み詳細な聞き取りをするデプスインタビュー、アンケート調査、文字をキーワード毎に分類整理するKJ法、集団で検討するブレーンストーミングなど、さまざまな方法がある。アンケート調査は広く用いられる方法ではあるが、消費者の表面的なニーズを捉える手法であり、革新的な製品開発には結び付きにくい。それぞれの方法には一長一短がある。②試作品を作る。これは単に作る過程ではなく、実際にはさまざまな工夫・検討がなされる試行錯誤の段階である。③試作品のテストをする。試験販売や体験使用などにより、問題の抽出や販売予測などを行う。その結果を受けて、問題がない場合は製品化に向かい、問題がある場合は再度工夫・検討がなされる。その企画自体が断念されることもある。④市場への導入準備をする。生産設備、生産システム、原材料の調達、作業人員の確保と教育、価格や経路、パッケージやブランド、広告などが決定される。これらの活動は製品開発過程に収まるものではなく、生産管理、労務管理、マーケティングへの広がりをもつ。これらの活動は各専門部署において、具体的な最終決定がなされるが、それらの部署へ検討するための情報を提供することが開発部門の役割である。

　製品コンセプトの設定・研究開発に係わる事例を紹介しよう。スリーエムジャパン株式会社の主力製品の1つであるポスト・イットは1969年中央研究所において、接着力の強い接着剤の開発を行っていた。その試作品は粘着力があるものの簡単に剥がれるという理由で失敗に終わった。しかし、1974年異なる部署の研究員が賛美歌集に挟んでいたしおりが滑り落ちた瞬間に、失敗作の接着剤を使えばいいのではないかとのひらめきが製品化へと導いた[8]。

1958年8月25日、日清食品株式会社が発売した「チキンラーメン」が世界初のインスタントラーメンである。創業者の安藤百福氏は自宅の庭に小屋を作り、製麺機、麺打ち台、揚げ鍋などを設置した。最初は麺を乾燥させ、味を麺に練り込むなどの試行錯誤をし、チキン味は評価できるものの、麺は細切れになるという問題があった。ある日、婦人が天ぷらを揚げているのを見て、思い付きで蒸した麺を油で揚げたことが成功につながった[9]。

これらの事例にあるように、製品開発の過程は多様である。ただ、研究開発者が強い関心をもつことと諦めないことは重要であるようだ。

第4節　市場競争力との調整

研究開発によって製品が作られた、または、確実に生産できると判断されたとしよう。その製品の市場競争力が強ければ販売量がそれに比例して大きくなるとは限らない。販売実績は製品そのものの消費者に対する魅力度、言い換えれば、市場競争力をどれだけ実際に発揮できたのかが問われる。製品そのものの市場競争力と最終的なそれとは相違する。このことを十分理解した上で研究開発がなされなくてはならない。製品化を目的とする開発活動に限定して、複数の事例からそのことを確認しよう。

ベンチャー企業の経営者が「この製品は素晴らしいのにもかかわらず売れない」という言葉を発することがしばしばある。その製品を客観的に評価した場合、確かに、経営者の発言は適切なものであると判断される。そうではあっても販売は実現しない。ベンチャー企業での製品開発は社長自らが担うことが多く、彼が関心とする製品像や技術や考えを具体化する活動となりがちである。そのため、その製品の販売先が見つからないということになる。もう少し丁寧に説明すると、ある特定の消費者や企業が対象になると分かっていてもどのように販売すればいいのかが分からないということである。消費者への販売の際、販売量が少なければ流通費用が極端に大きくなる。企業への販売は過去の取引関係の有無が大きく影響する。これらは投下する費用が十分にあれば解決でき

るとしても、ベンチャー企業はその多くを製品開発に投入する傾向が強く、適切なマーケティングが行えない。

　マーケティング費用を十分にもつ大企業であっても、魅力ある製品の販売は難しい。その例として、インスタントコーヒーの事例を紹介しよう。今では至る所で販売されているインスタントコーヒーであるが、製品が市場に導入された当初、販売量は非常に少なかった。豆を挽いてドリップで入れるコーヒーは時間がかかる。インスタントコーヒーは、忙しい人にとっては非常に魅力的な製品であるが、当初は、湯を注ぐだけということが理解・納得されず、コーヒーとして認識されなかった。実際に飲むという経験を消費者がすれば受け入れられると考えるのは単純である。コーヒーという飲み物に対する認識が異なるインスタントコーヒーは味そのものではなく、感覚的・精神的な側面での理解・納得を得られなかった。しかし、これも時間の経過と共に、また、膨大な広告宣伝活動によって、今日のような販売が実現されるようになった。

　海外高級ブランド製品を取りあげよう。製品そのものが力強く消費者への訴求力となる高級アパレルブランドの場合、消費者ニーズをアンケート調査やブレーンストーミングなどで分析し、それを開発することはない。流行の最先端にある製品は消費者ニーズそのものを作り上げるからである。まさに芸術作品を創作する過程と同じである。製品そのものが直接の市場競争力になるため、広告宣伝活動は一般大衆製品と比較して、ほとんどなされない。しかし、そのような製品であれば、それだけで販売が可能になるかと言われれば、それは難しい。

　並行輸入会社でもそれらの製品は売られている。正規代理店での価格と比較して、それらの製品は安価である。合理的に考えれば、全く同じ製品であるため、並行輸入会社で消費者はそれを購入することになる。しかし、現実にはそのようにはならない。多くの消費者は正規代理店で製品を購入する。誰もが認知する力強い競争力のある製品はその競争力に見合うだけの付随した効用を消費者は一緒に購買しようとすることを忘れてはならない。素晴しい接客サービスや店内の雰囲気も製品と同様に認識されている。

上述の 3 つの事例はそれぞれに市場競争力を有する製品ではあるが、それらの販売をより確実にするためには全体としての製品の構成を適切に設定する必要がある。また、製品開発段階から全体の投入費用を念頭に置いた資源配分が重要となる。

注

1) 中村修二氏の算出によれば、その発明を基に製品化した 1993 年から 2010 年までの間に、最低でも 1,200 億円強の利益が日亜化学工業にもたらされた。これは蛍光体メーカーだったころの同社の年間売上の 6.7 倍、年間利益の 200 倍に相当する額である（日経 BP、http://techon.nikkeibp.co.jp/NEWS/nakamura/mono200404_1.html、2014 年 12 月 19 日アクセス）。
2) それまでは、個人が研究開発をし、企業が必要だと思う新製品を個人から買い取って、大量生産をして販売していくという流れであった（ローゼンブルーム他著、西村吉雄訳『中央研究所の時代の終焉』日経 BP 社、1998 年、27-32 ページ）。
3) 森俊治『研究開発管理論 改定増補版』同文舘、1991 年、82-85 ページ。
4) Chamberlin, E.H., *The Theory of Monopolistic Competition. A Re-orientation of the Theory of Value, Harvard Economic Studies* XXXV Ⅲ, Eighth Edition, Harvard University Press, Cambridge, Massachusetts, 1962.（青山秀夫訳『独占的競争の理論』至誠堂、1976 年）。
5) 同上書、邦訳、9 ページ。
6) 同上書、邦訳、73 ページ。
7) 同上書、邦訳、73-74 ページ。
8) 3M 社ホームページ、http://www.mmm.co.jp/wakuwaku/story/story2-1.html、2015 年 4 月 25 日アクセス。
9) 日経トレンディネット、http://trendy.nikkeibp.co.jp/article/special/20080818/1017681/?ST=flicklf、2015 年 4 月 25 日アクセス。

第12章　人事労務管理

第1節　人事労務管理とは

1. 人事労務の定義と領域

　「ヒト、モノ、カネ、情報」という経営資源のなかで、ヒトの管理を行うのが人事労務管理である。いわゆるホワイトカラーの管理が人事管理と呼ばれるのに対し、ブルーカラーの管理が労務管理と呼ばれている。したがって、人事労務管理とはその両者の管理を行うことであり、経営戦略に基づき、ヒトの調達、組織化、育成、適材適所による活用を効率的に行い管理することである。近年では、人事労務管理に代わり、後述するが人的資源管理（Human Resource Management）とも言われている。

　具体的に人事労務管理の領域をみていくと、6つに大別できる。第1が、労働者の募集、採用、配置・異動、雇用調整、退職に至る一連の活動を担う雇用管理である。第2が、労働者の職務遂行能力の開発、向上を図る教育訓練・キャリア開発である。第3が、労働者の遂行した職務の評価・査定を行う人事考課である。第4が、人事考課に基づき昇進、降格などを決定する昇進管理、第5が、給与、賞与（ボーナス）の決定、管理を行う報酬・賃金管理である。そして第6が、労働者（労働組合）と使用者（経営者）との利害調整を行う労使関係である。またこれ以外にも、福利厚生も重要な人事労務管理の機能である。

　そこで、本章では、この6つのなかでも、ポイントとなる雇用管理、教育訓練・キャリア開発、人事考課、昇進管理の4つに焦点をあて、人事労務管理の全

体を把握することを試みる。

2. 人的資源管理の登場

　近年では、人事労務管理に代わり人的資源管理という考えが主流となり、人事部からヒューマン・リソース部、人的資源管理部（HRM部）などに名称を変更している企業もある。その背景には、労働者に対する見方が変化したからである。

　かつては、企業に雇われ、その拘束された時間（労働時間）の間、肉体的・精神的能力を企業に提供する労働力商品としての労働者という位置付けであった。しかし最近では、労働者は企業の重要な資産、資源、財産であり「人財」であると考えるようになった。

　つまり、労働者が有している肉体的・精神的能力は、単なる労働力ではなく、その能力の発揮の如何によっては、企業競争の重要な資源となり得る「人的資源」であるとの認識が高まっている。企業競争力の源泉であり、持続的競争優位性を築く貴重な人的資源の所有者であるとその位置付けが変化している。

　そもそも人的資源管理とは、Human Resource Management を日本語に置き換えたものである。その英語の名称からわかるように、人的資源管理の分野はアメリカで始まり発展した領域である。それが2000年代に入り日本にも広がり導入され始めている。

　しかし、このアメリカで発展した人的資源管理に大きな影響を及ぼしたのが、日本の人事労務管理である。その象徴であるのが、人的資源管理という分野を構築したハーバード大学ビジネス・スクール（HBS）の1981年の人的資源管理講座の開設の動機である。

　1960年代の高度成長期、そして1970年代のオイルショックの不況からいち早く立ち直った日本経済をアメリカ企業が分析した結果、次の結論に至った。「『経営幹部たちが最大のライバルである日本を観察すると、そこにはアメリカと異なるけれども、非常に成功した経営モデルが存在している』そして『米国産業は、伝統的には、資本、技術、つまりカネ、モノに競争力を求め、それらの優位性を通じて、世界市場に君臨してきた・・・・ところが70年代後半には、

日欧の双方に対してカネの上の格差は急速に失われてしまった。逆に劇的な形で現れたのが、ヒトつまり HRM 上の格差である』」[1] と結論付けた。

つまり、ヒトの重要性を認識するとともに、ヒトを人的資源として位置付け、活用している日本の人事労務管理の有効性をアメリカは認めたのである。そして、日本型の人事労務管理を分析し、それをアメリカで応用することを試みた。それが、人的資源管理である。

この点からすれば、日本からアメリカに渡った人事労務管理が、再び日本に「逆輸入」された分野であることがわかる。またそれと同時に、日本への成果主義や目標管理制度の導入に代表されるように、かつての日本の人事労務管理が現在では必ずしも機能しなくなったために、アメリカの人的資源管理を導入しているという昨今の日本企業の動向が反映されているとも言える。

第2節　雇用管理

雇用管理とは、労働者の要員計画、募集・採用、配置・異動、雇用調整、退職に至る一連の活動、プロセスのことである。事業計画、経営戦略に基づき要員計画を立て、それに伴い人材を募集・採用する。次に、人材の有効活用のために適材適所を行い配置・異動を図る。その一方で、企業内で労働力に余剰が発生した場合、雇用調整や解雇、退職によって、企業内の適正な労働力の調整を行う。各段階を追って雇用管理を把握する。

1. 要員計画

要員計画とは、必要な時に、必要な人材を確保するための計画である。長期的な観点での要員計画とは、企業理念に沿った人材の確保、育成を図ることである。また、中長期的な観点での要員計画とは、経営戦略・展開を行うために必要となる人材、定年退職ならびに自己都合による退職者数の予測、またそれに基づいて必要とされる新規採用数などの要素から計画を立てることである。

特に、中長期的な観点から経営戦略・展開に基づきその目標を実現するため

の人材確保の要員計画は重要である。経営戦略・展開に合致させた要員計画は、いわば重要な人事戦略、戦略的人的資源管理ともなり、企業のその後の発展を担う人材の確保、育成が求められる。そのためには、企業内外の環境を予測しながら、即戦力となる中途採用を行う一方で、将来の基幹・中核業務を担う人材の採用そして育成を検討しながら要員計画を立てる必要がある。

2. 募集・採用

募集・採用は、日本の場合、大きく2つに分けることができる。第1が、定期採用であり、第2が通年および不定期採用である。第1の定期採用は、主に新規学卒者を中心に行われている。つまり、学校卒業後の4月の定期に、新規学卒者を一括、大量に採用することである。同時期に採用することで、入社後の新人研修などの教育訓練を一括かつ同時に行うことができるために教育訓練コストを抑えることができる。また、そうした新人研修を通じて同期入社の仲間意識が生まれる反面、同期入社のライバルとしての競争意識を駆り立て昇進競争の動機付けとして活用することもその背景にある。

第2の通年および不定期採用とは、欠員が発生した場合その空席を補充するため、また新規事業の立ち上げのために即戦力を採用することである。欠員補充は中途採用であり、新規事業立ち上げまた経営幹部の採用などはヘッド・ハンティングなどによって、ともに必要な時期に、必要な人材を採用する。

3. 配置・異動

特定の職務を遂行するために即戦力として採用された中途採用者は、採用後特定の配属先が決定している。それに対して、新入社員は研修を受けた後、初任配属が行われる。そして、多くの場合2～3年経過すると最初の異動（配置転換）が行われる。異動とは、企業内の異なる職務間を移動することである。つまり、営業部から人事部への移動などがこれにあたる。また住居の移転を伴う転勤も異動である。

異動の目的は、異動を通じて労働者自らの適性を認知すること、適材適所を

図るために労働者の適正、能力と職務の適合を図ること、人材育成の一環、そして多くの職務経験を積むことで多面的・多能的な能力を培いジェネラリストを養成することなどが挙げられる。

日本の人材育成の特徴であるジェネラリスト養成という視点からすれば、異動を繰り返すことで、職務経験の幅を広げるとともに、より高いレベルの職務を経験することで能力を高めることを目的としている。

従来は企業からの一方的な異動命令が主であったが、近年では、労働者の希望やキャリア・プランを尊重する取り組みがなされている。その一般的な制度として、労働者自身が自らの希望を企業に申告する自己申告制度や、社内でのプロジェクト（プロジェクト公募）やベンチャー（社内ベンチャー制度）などの人材を公募し、労働者自身がそれに応募する社内公募制などもある。

そして、出向、転籍も異動の一環である。出向とは、雇用関係を維持したまま子会社、関連会社等の業務に従事することである。一方、転籍とは雇用関係を終了（退職）し、新たに子会社、関連会社等と雇用関係を結び再就職することである。出向、転籍を行う目的は、本社や親企業のポスト不足等による雇用調整、あるいは子会社への技術支援などのために行う。

4. 雇用調整

雇用調整とは景気変動に合わせて労働量を調整することであるが、特に不景気の際に、段階的に労働量を削減することを指す。労働量を削減する際に、レイオフを実施するアメリカとは異なり、日本ではこの雇用調整を実施し解雇を回避する努力がなされている。

雇用調整による段階的削減とは、余剰な労働力が発生した場合、まず残業規制、配置転換、次に出向、転籍を行う。次の段階として、中途採用抑制、新規学卒者採用抑制を行い、最後に一時帰休を行う。それでも余剰人員が発生した場合、やむなく解雇を実施する。このようにして解雇回避の努力をすることは、解雇権濫用の法理の4要件（人事整理の必要性、解雇回避努力義務の履行、被解雇者選定の合理性、手続きの妥当性）にも法規されている。終身雇用を維持するこ

のような解雇を回避する取り組み・努力のことを社会的規範という。

5. 退職

退職には大きく分けて2つある。定年を迎えて雇用契約が終了する定年退職と自らの都合で退職する自己都合退職がある。この他にも、退職前より早い時期に退職を申し出ると通常より退職金を加算する早期退職制度や選択定年制度などもある。またそのほかに、再雇用制度などもある。

第3節　キャリア開発・教育訓練

　競争優位の源泉が人的資源に内在するならば、その資源に先行投資を行うことは重要である。その先行投資こそが、キャリア開発であり教育訓練である。イノベーションを必要とするITや金融工学の部門では、ますます人的資源の重要性は高まっており、人的資源の開発が必須となっている。またこれらに加え、サービス産業の拡大により知識経営（ナレッジ・マネジメント）や目に見えない模倣しにくい中核能力いわゆるコア・コンピタンスの概念からもキャリア開発・教育訓練は、戦略上欠かせない活動である。

　教育訓練は2つに大別することができる。現場での職務の遂行を通じて教育訓練が行われる OJT（on the job training）と職務を離れて座学を中心に教育訓練が行われる Off-JT（off the job training）である。

　OJT は、上司、先輩の指導のもと、現場で通常業務を遂行しながら必要とされる能力を養成する。OJT は、通常業務のなかで行うため教育訓練のコストを必要としないこと、各自の能力に応じて個別に柔軟に訓練内容を変更できること、また教えることを通じて上司、先輩の指導力の向上を図ることができる。

　Off-JT は、新人研修に代表されるような職務外での研修が中心である。新人研修を例にとれば、文系、理系を問わず新入社員を一同に会し、企業内外の講師によって教育訓練を行う。つまり、一括して同時に同じ地位の多くの労働者の教育訓練を行うことができる。また、新人研修が、新入社員同士間のコミュ

ニケーションの場であるように、Off-JTを介して集まった人的ネットワークが形成されるなどの効果もある。

このOJTとOff-JTを組み合わせながら教育訓練を体系的に行う。これに加え、最近では自己啓発の重要性が指摘されている。つまり、OJTやOff-JTといった企業側の視点からのキャリア開発ではなく、労働者自らが計画・立案したキャリア・デザインに沿った人材能力開発がポイントとなっている。

その背景には、エンプロイヤビリティー(employability = employ + ability)「雇われる能力」、「労働移動を可能にする能力」の存在がある。終身雇用が堅実であった頃には、エンプロイヤビリティーとは、自社内で雇われる能力、つまり定年まで解雇されずに雇用され続ける長期雇用能力のことを指した。しかし、終身雇用が崩壊し転職市場（外部労働市場）が発達すると、エンプロイヤビリティーとは、他社でも雇われる能力、つまり転職でき労働移動を可能にするような能力の必要性も高まった。これは、自らの意思でキャリアを拓いていくこと示しており、そのために自己啓発が重要視されている。

第4節　昇進管理[2]

日本の昇進管理の特徴を図12-1のキャリア・ツリーから解説する。

第1の特徴が、同一年次入社同士が昇進の比較対象者となることである。つまり、同期入社同士は、仲間であると同時にライバルでもあるということである。図12-1によれば、入社66人のなかから昇進選抜が行われ、将来の幹部候補生を育成することになる。

第2の特徴が、遅い昇進である。言い換えれば、長期にわたる競争、選抜が行われるともいえる。図12-1によれば、係長職から昇進に格差が生じているが、その就任年度にはわずか1年の差しか生じていない。課長代理職においても、8年から11年までの1年刻みでの格差である。また、同期入社66人中56人が入社から8年後に同時に課長代理職に昇進している。これらのことから、時間をかけ遅い選抜を行っている。

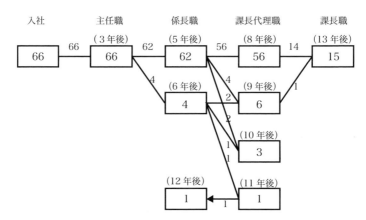

図12-1 キャリア・ツリー（1975年入社）

（出典）竹内洋『日本のメリトクラシー』東京大学出版会、2006年、160ページ。

　長期にわたる遅い選抜を行う背景には、労働者のモチベーションを維持させ勤労意欲、生産性を高めることにある。短期間で昇進の結果が生じてしまうと、昇進の可能性が閉ざされ、その後はモチベーションが下がってしまう。昇進に大きな格差を設けないことで、昇進できるかもしれないという期待と可能性をモチベーションに替え、生産性の向上を長期にわたって図るためである。

　また、長い時間をかけ労働者の人事考課にかかわる情報を蓄積し精査するためでもある。短期的ではなく恒常的に業績を残している労働者の能力を精査するため、また労働者各自の適性を見抜き適材適所の人事配置を行うためである。

　第3に、重層型昇進パターンである。そもそも昇進パターン[3]には、一律年功型、昇進スピード型、トーナメント競争型の3つがある。一律年功型とは、すべての労働者が一律に年功で昇進するパターンである。次に昇進スピード型とは、適度な競争原理により昇進に格差が生じるパターンである。そしてトーナメント競争型とは、文字通りトーナメント方式による昇進管理であり、昇進競争に敗れるとその時点で昇進の道が閉ざされることを意味する。

　重層型昇進パターンとは、この3つのパターンを組み合わせたものである。図12-1でみると、一律年功型は、同期入社全員が昇進しているキャリア初期

の主任職の時期に相当する。次に、昇進スピード型は、キャリアの中期である係長職から課長代理職あたりまでに相当する。主任職までの一律年功とは異なり、徐々に昇進に差が生じている。そして、トーナメント競争型は、多くの大企業の場合、キャリアの後期にあたる課長職以上の役職において実施されていることが多く、昇進競争が激化する。

　キャリア初期こそ年功制であるが、キャリア中期から徐々に競争が始まり、キャリア後期では競争が激化しており、いわゆる年功序列とは、「年」の「功」ではなく、「年」と「功」であることがわかる。つまり、「年」が上がっても「功（貢献度）」が高まらなければ昇進が見込まれないことを示しており、年功制は競争原理が働いているのが内実である。

第5節　人事考課

　人事考課とは、労働者を評価・査定することによって、昇進、降格、賃金、能力開発・教育訓練などを決定し人事制度に反映させることである。

　人事考課の評価対象には3つの要素がある。第1が、成績、業績などの成績考課である。第2が、勤務態度、仕事への取り組む姿勢などの態度（情意）である。第3が、職務の遂行にあたりどのような能力を開発し身につけたのか、という能力考課である。

　これらの3要素をもとに人事考課を行い、昇進を決定し必要なキャリア開発・教育訓練の機会を提供する。しかし、人事考課のフィードバックがないこと、また情意など上司の恣意的要素が入る主観的評価があることなどから、目標管理制度を導入する企業が増加している。

　目標管理制度とは、年毎に目標を設定し年度末にその目標の達成度を評価する制度である。目標管理制度は、まず会計年度の最初に上司との面談により目標を設定する。次に、年間の中期にそれまでの成果を報告するとともに、それをもとに今後の目標の修正を行う。そして、年度末に1年間の成果報告を行い、目標の達成度を評価する。

上司との定期的な面談、成果報告により人事考課について意思疎通が図れることやフィードバックがあることから、評価内容やプロセスに透明性があり労働者各個人の理解が高まり納得が得やすい。また上司からの一方的なノルマではなく、面談を通じ目標設定を調整できる点も特徴である。これに加え、年度ごとに企業・組織の目標と労働者個人の目標を連動させることにより、組織内での各自の役割や責任の分担を明確にすることもできる。

注
1) 梅津祐良・水谷栄二訳『ハーバードで教える人材戦略』生産性出版、1990年、5-6ページ。
2) 今野浩一郎・佐藤博樹『人事管理入門』日本経済新聞社出版、2009年、160-185ページ参照。
3) 日本労働研究機構『組織内キャリアの分析』日本労働研究機構、調査研究報告書No.58、1994年、参照。

参考文献
梅津祐良・水谷栄二訳『ハーバードで教える人材戦略』生産性出版、1990年。
小池和男・猪木武徳編著『ホワイトカラーの人材形成』東洋経済新報社、2002年。
今野浩一郎・佐藤博樹『人事管理入門』日本経済新聞社出版、2009年。
佐藤博樹・藤村博之・八代充史編著『新しい人事労務管理』有斐閣アルマ、2011年。
竹内洋『日本のメリトクラシー』東京大学出版会、2006年。
日本労働研究機構『組織内キャリアの分析』日本労働研究機構、調査研究報告書No.58、1994年。

第13章　財務管理

第1節　財務管理の役割

　高校時代の「現代社会」や「政治・経済」の教科書には、「企業の目的は利益を獲得することである」と書かれていた思い出が、筆者にはある。こうした考えに対して、ドラッカーは「顧客を創造することこそが企業の目的だ」[1]と論じた[2]。経営について学ぼうとする者や経営者は、企業の目的についての根本的な考え方を変えなければ、企業の成長はもとより、その存続すらおぼつかない時代なのである。

　企業の成長を支えているのは、ヒト、モノ、カネ、情報といった経営資源である。企業はこれらの経営資源をマネジメントして、価値を生み出している。

　本章では、経営資源の1つであるカネに関わる財務管理について学ぶ。企業のこれまでの成長を評価し、今後の計画を立てるときに、財務管理は欠かせない役割を担うことになる。

　企業の財務管理の結果は、会社法や金融商品取引法、あるいは税法の要請に従って、財務諸表と称される専用の様式で表現される。財務諸表は、株主をはじめとする利害関係者が集まる場（株主総会など）で報告されたり、企業のホームページや金融庁が運営するEDINET（Electronic Disclosure for Investors' NET work）[3]などで公表されたりする。

　さて、財務諸表には、企業の資産、負債、資本、売上、経費、利益、損失などに始まり、その他カネにまつわるさまざまなことが、企業自身の手によって

正直に記載される建前になっている。だがしかし、財務諸表は企業が自ら作成しているからと言っても、100％すべて正直に作成されているという保証はない。例えば会社が資金調達をしやすくするために、嘘をついて利益の金額を増やす操作をして、実態以上に優秀な会社にみせているかもしれない。逆に法人税の課税所得を圧縮し、納税額を少なくするために、嘘をついて利益を減らす操作をしているかもしれない。

　ただし、有価証券報告書に掲載された財務諸表の損益額の計算法と法人税確定申告書の課税所得金額の計算法とでは、もともとの計算目的の違いから、同じ財務データで算出した財務諸表上の損益額と、確定申告書上の課税所得金額との間にはズレが生じる。財務諸表の場合は「当期純利益または当期純損失＝収益－費用」であり、法人税の場合は「課税所得金額＝益金－損金」である。例えば、企業が接待や贈答に支出した交際費は損益計算書では、費用として計上されるが、法人税法では、所定の限度を超える交際費は、損金に算入できない[4]。

第2節　財務諸表の国際化

　財務諸表は、国ごとに異なる法律に基づいて作成されてきており、財務諸表を作成する際に従うべきルールは会計基準と呼ばれている。これら会計基準の土台部分には公正妥当な会計慣行として、社会的な承認を得ているという意味で「一般に認められた会計原則・ギャップ（GAAP：generally accepted accounting principles）」が存在している[5]。ところが数年前までは、国ごとでこれらの会計基準がバラバラであった[6]。国ごとの商習慣や法律、文化に基づいた価値観の違いが、その国独特の GAAP に反映され、その結果それぞれの国ごとに異なる会計基準で財務諸表が作成され報告されていた。資金調達のグローバル化に伴い、国境を越えてのマネーゲームでは、企業の利益額または損失額を計算する際の実務に関するルールが統一できずに、不安定な状況で利害関係者を混乱させる場合もあった。そこで、国際的な会計基準を作り、グロー

バルな資金調達に利用可能な財務諸表と開示ができる会計基準作りが始まった。アメリカやヨーロッパの多くの国々が国際財務報告基準（IFRS）を自国基準に追加し、日本基準を使っていたわが国でも 2010 年には、金融庁も連結財務諸表を作成する際には任意での国際財務報告基準（IFRS）の適用を認めたのである[7]。

会計は企業の経営活動の成果を映し出す「鏡」である。鏡が変われば成果も違ってみえる。会計基準のコンバージェンス（Convergence、共通化）に代表される会計制度の変更は、この「鏡」の変更を意味する[8]。すなわち、10 年前の会計基準で作成された財務諸表と 10 年後の会計基準で作成された財務諸表とでは、その外見が大きく変わることすら予想される。

しかし注意すべきことは、国際財務報告基準で作成した数値と日本基準で作成した数値とに、もし差異が生じたとしても、企業実態が変化したと即断すべきではないということである。その差異の原因を的確に見極める必要がある。

第3節　貸借対照表と損益計算書

表 13-1　貸借対照表（勘定式）
5月31日平成24年（単位：百万円）　　　「サカタのタネ」

借　方		貸　方	
資産の部		負債の部	
流動資産		流動負債	
〜		〜	
流動資産合計	32,083	流動負債合計	5,513
固定資産		固定負債	
有形固定資産		〜	
〜		固定負債合計	2,093
有形固定資産合計	19,985	負債合計	7,607
無形固定資産		純資産の部	
〜		株主資本合計	66,645
無形固定資産合計	460	評価・換算差額等	
投資その他の資産合計	21,734	評価・換算差額等合計	11
固定資産合計	42,181	純資産合計	66,657
資産合計	74,264	負債純資産合計	74,264

出所：「サカタのタネ」の貸借対照表から一部内容を変更し筆者作成。

財務管理は、資金の調達、投資決定、資産管理、利益処分、清算、財務分析など幅広い分野にまたがっており、財務管理のデータは、財務諸表（financial statements）、具体的には貸借対照表（balance sheet：B/S）や損益計算書（profit and loss statement：P/L）にまとめられ[9]、すべての取引は、資産、負債、資本、収益、費用の5つの項目に集約されている[10]。

1. 貸借対照表（B/S）

貸借対照表は、一定時点における企業の財政状態を示し、投下資本がどのように運用されているのか、どのような源泉から調達されたのかを見ることができる[11]。本項では、日本を代表する種苗メーカーである、株式会社サカタのタネ（以下、本章では「サカタのタネ」と表記する）の有価証券報告書を例に使用してB/SとP/Lの概要を学ぶことにしよう。

表 13-2 貸借対照表（報告式）

（単位：百万円）
「サカタのタネ」　5月31日平成24年

	金額
資産の部	
流動資産合計	32,083
有形固定資産合計	19,985
無形固定資産合計	460
投資その他の資産合計	21,734
固定資産合計	42,181
資産合計	74,264
負債の部	
流動負債合計	5,513
固定負債合計	2,093
負債合計	7,607
純資産の部	
株主資本合計	66,645
評価・換算差額等合計	11
純資産合計	66,657
負債純資産合計	74,264

出所：「サカタのタネ」の貸借対照表から一部内容を変更し筆者作成。

貸借対照表の形式には、表 13-1 のような勘定式と表 13-2 のような報告式がある。金融商品取引法に基づく有価証券報告書では、報告式と定められているが、株主総会提出用の貸借対照表は、勘定式が一般的である[12]。表 13-1 勘定式の事例と表 13-2 報告式の事例は、「サカタのタネ」の貸借対照表から、その内容の一部を抜粋し、勘定式と報告式の形式に筆者が変更したものである。

 資産の部は「流動資産」「固定資産」に、負債の部は「流動負債」「固定負債」にそれぞれ分類される。また第 3 の資産グループとして繰延資産が計上されることがある[13]。資産の部から負債の部を引いた差額が、純資産の部である。純資産の部は、更に「株主資本」「評価・換算差額等」に分類されている。

 株主資本は、会社を設立した時の資本金や資本剰余金、利益の留保分としての利益剰余金などのことである。評価・換算差額には、株券などの時価が変動した時に生ずるその他有価証券評価差額金の他、土地再評価法と称する法律に基いて、土地の帳簿価額を増額した際に生ずる土地再評価差額金などがある。ちなみに新株予約権は、表 13-1 の例には存在していないが、会社から一定の価格で一定の期間において株式を買い取る権利のことである。

2. 損益計算書（P/L）

 損益計算書は、会社が一定期間に資本を運用した結果の経営成績を示している[14]。損益計算書は、大きく 2 つに区分されており、会社の営業活動で発生した損益を示す「経常損益」と、特別に当該年度に発生した損益を示す「特別損益」である。この 2 つを加算すると当期純損益になる。

 表 13-3 の損益計算書は、「サカタのタネ」の有価証券報告書に掲載された損益計算書から、その内容の一部を抜粋し筆者が作成したものである。とりわけ、①から⑤までに 5 段階の利益があることに注目しよう。売上高は、販売した売上高から売上値引きと売上戻り高を引いた金額である。売上原価は、販売した商品の原価などから算定することになる。①売上総利益は、売上高から売上原価を差し引いた額である。販売費及び一般管理費は、販売に関わる費用のことで、販売荷造費、広告宣伝費、貸倒引当金繰入額、従業員給料及び手当、

表 13-3　損益計算書

自平成 24 年 6 月 1 日　　　（単位：百万円）
至平成 25 年 5 月 31 日

売上高	32,654
売上原価合計	19,393
①売上総利益	13,261
販売費及び一般管理費合計	12,718
②営業利益	543
営業外収益合計	1,889
営業外費用合計	28
③経常利益	2,404
特別利益合計	144
特別損失合計	76
④税引前当期純利益	2,472
法人税、住民税及び事業税	392
法人税等調整額	194
⑤当期純利益	1,886

出所：「サカタのタネ」の損益計算書から一部内容を変更し筆者作成。

役員退職慰労引当金繰入額、退職給付費用、減価償却費、賃借料、その他などである。②営業利益（赤字の場合は営業損失）は、売上総利益から販売費及び一般管理費を差し引いたものである。営業外収益合計は、受取利息、有価証券利息、為替差益、受取配当金、受取賃借料、雑収益などからなる。営業外費用合計は、支払利息、有価証券売却損、有価証券評価損、社債利息、為替差益、雑損失などからなる。営業利益に営業外収益を加算し、営業外費用を差し引くと③経常利益を求めることができる。この経常利益は、会社の収益性を測る指標として重要である[15]。

この経常利益に特別利益を加算し特別損失を差し引いた利益が、④税引前当期純利益となり、更に法人税、住民税および事業税額などを差し引いて⑤当期純利益を算出することができ、これは最終利益とも呼ばれている。

有価証券報告書に掲載される財務諸表には、貸借対照表、損益計算書のほかに、キャッシュ・フロー計算書、株主資本等変動計算書がある。更には付属明

細表、注記、セグメント情報など重要な資料も掲載されている。これらの資料は、それぞれの目的に沿った視点から企業の現状を示しているものである。紙幅の関係上、本章では取り上げない。

第4節 財務諸表分析

財務諸表分析は、財務諸表からその企業の収益性、安全性、生産性、不確実性によるリスク、成長性などを分析するための一つの手法である[16]。自社の経営について、企業自らが分析することを、内部分析手法という。一方、自社以外の銀行などが投資や融資の判断材料として行う分析を、外部分析手法と呼び活用されている[17]。

1. 収益性と安全性の事例比較

「サカタのタネ」(表13-4)とカネコ種苗株式会社(以下、本章では「カネコ種苗」と表記する)(表13-5)の平成25年の有価証券報告書に掲載された過去5年間分の財務データを事例に比較してみよう。両社はともに優秀な種苗メーカーとして農家に信頼されている。そして表13-6は、それぞれ「サカタのタネ」と「カネコ種苗」の有価証券報告書から算出した収益性と安定性を示している。

表13-4 「サカタのタネ」(2013年5月期)

(単位:百万円)

「サカタのタネ」(連結)	2009年	2010年	2011年	2012年	2013年
売上高	45,355	46,518	47,165	46,988	50,274
経常利益	675	1,835	3,410	2,899	3,564
当期純利益・純損失	−1,709	1,001	1,320	1,902	3,098
自己資本(純資産)	72,399	73,236	71,321	71,494	77,686
総資本(総資産)	85,602	85,740	83,332	83,496	89,787
流動資産				48,275	52,419
流動負債				9,115	7,914
他人資本(負債合計)				12,002	12,100
棚卸資産				18,989	21,591
売上債権				12,707	13,841
当座資産				26,366	27,401

注: 2009〜2011年の流動資産以下の数値は省略。筆者作成。

表13-5 「カネコ種苗」(2013年5月期)

(単位:百万円)

カネコ種苗	2009年	2010年	2011年	2012年	2013年
売上高	44,271	45,995	51,072	51,406	54,006
経常利益	1,477	1,658	1,785	1,610	1,481
当期純利益・純損失	817	981	998	863	886
自己資本(純資産)	10,171	11,011	11,761	12,315	13,149
総資本(総資産)	33,345	36,982	36,481	37,233	38,483
流動資産				29,587	30,705
流動負債				23,560	23,941
他人資本(負債合計)				24,917	25,333
棚卸資産				5,209	5,806
売上債権				20,635	21,320
当座資産				22,882	23,457

注: 2009～2011年の流動資産以下の数値は省略。筆者作成。

表13-6 「サカタのタネ」と「カネコ種苗」の分析値

(単位:百万円)

収益性	(1) 売上高経常利益率	サカタ	1.5	3.9	7.2	6.2	7.1
		カネコ	3.3	3.6	3.5	3.1	2.7
	(2) 総資本経常利益率	サカタ	0.8	2.1	4.1	3.5	4.0
		カネコ	4.4	4.5	4.9	4.3	3.8
	(3) 自己資本利益率	サカタ	-2.4	1.4	1.9	2.7	4.0
		カネコ	8.0	8.9	8.5	7.0	6.7
	(4) 総資産回転率	サカタ	0.5	0.5	0.6	0.6	0.6
		カネコ	1.3	1.2	1.4	1.4	1.4
	(5) 売上債権回転率	サカタ				3.7	3.6
		カネコ				2.5	2.5
	(6) 棚卸資産回転率	サカタ				2.5	2.3
		カネコ				9.9	9.3
安定性	(7) 自己資本比率	サカタ	84.6	85.4	85.6	85.6	86.5
		カネコ	30.5	29.8	32.2	33.1	34.2
	(8) 負債比率	サカタ				16.8	15.6
		カネコ				202.3	192.7
	(9) 流動比率	サカタ				529.6	662.4
		カネコ				125.6	128.3
	(10) 当座比率	サカタ				2.9	3.5
		カネコ				1.0	1.0

注:2009～2013年の(5)(6)(8)(9)(10)は省略　筆者作成。

(1) 売上高経常利益率は、売上高の伸び具合に対する、企業が実感しうる"儲け"の増し具合の高低を示す。その率が低いときには、経常利益の増し具合が鈍い理由を調べて改善のヒントを探すことになる。

売上高経常利益率（％）＝ 経常利益 ÷ 売上高

(2) 総資本経常利益率は、全財産（総資本）に対してどれくらい効率よく経常利益を上げているかを示す。少ない全財産（総資本）でより多くの経常利益を上げられる会社は収益性の高い会社である。

総資本経常利益率（％）＝ 経常利益 ÷ 総資本 ×100

(3) 自己資本利益率は、株主の資本に対してどれくらい利益を上げているかを示す。少ない自己資本で多くの利益を上げられる会社は収益性の高い会社である。

自己資本利益率（％）＝ 当期純利益 ÷ 自己資本 ×100

(4) 総資本回転率の数値が低い場合は、不良債権・不良在庫を抱えているか、設備投資が大き過ぎる可能性がある。

総資本回転率（回）＝ 売上高 ÷ 総資本

(5) 売上債権回転率の数値が低い場合は、掛（ツケ）で売り上げた代金の回収が滞っているということである。数値が3.7回の場合は（365日÷3.7回＝99日）平均99日間で債権を回収していることになる。

売上債権回転率（回） ＝ 売上高 ÷ 売上債権（受取手形、売掛金）
売上債権平均回収日数 （日） ＝ 365÷ 売上債権回転率（回）

(6) 棚卸資産回転率の棚卸資産とは、商品、仕掛品、貯蔵品などである。商品を販売するまでの期間が長く在庫が多いと、不良在庫を抱えている可能性がある。棚卸資産回転率2.5回は（365日÷2.5回＝146日）平均在庫日数は146日間である。

棚卸資産回転率（回） ＝ 売上高 ÷ 棚卸資産
平均在庫日数（日） ＝ 365÷ 棚卸資産回転率（回）

(7) 自己資本比率が大きく、なおかつ自己資本利益率が高い会社の特徴は、利益剰余金が多いことである。

自己資本比率（％）＝ 自己資本 ÷ 総資本 ×100

(8) 負債比率は、低いほど良い。自己資本の割合が大きいほど、他人資本の返済が保障されるので安全性が増すと考えられるからである。

負債比率（％）＝ 他人資本（負債合計）÷ 自己資本（株主資本 ＋ 包括利益累計額）×100

(9) 流動比率は、流動負債の短期の支払能力をみる指標で、1年以内に返済しなければならない流動負債に対して、その財源となる流動資産がどの程度あるのかを比率でみる。100％以下だと資金繰りがつかなくなる可能性がある。

流動比率（％）＝ 流動資産 ÷ 流動負債 ×100

(10) 当座比率は、すぐに換金できる当座資産（現金預金、受取手形、売掛金、有価証券）を流動負債で割った比率である。90％以上が健全で、80％を割ると危ないといわれている[18]。

当座比率（％）＝ 当座資産 ÷ 流動負債 ×100

経営分析は、このほかに会社の発展性、キャッシュ・フローの分析、会社の人の分析、会社のブランドの分析など、企業の強みや弱みをみつけるさまざまな方法が利用されている。ただし、財務諸表を利用して経営分析を行う場合には、一定の限界もあることを知っておく必要がある。「第1に財務諸表は貨幣で計測され、経営戦略や従業員のやる気などは把握できない。第2に主観的な判断がある程度避けられない。第3に貨幣価値の変動により、実態と異なることがある。第4に分析値から得られるものは、定量的な計数であり、財務諸表に現れない定性的な事柄は判断できない」[19] これらを念頭に数値をみることを心がけてほしい。

2. 不確実性によるリスクの分析の事例

不確実性によるリスクの分析は、費用の構造が、利益変動に影響を及ぼす損益分岐点分析を用いて算出することができる。製品単価と製造原価が一定のときに、売上金額で損益の判断をする。

図 13-1　損益分岐点分析

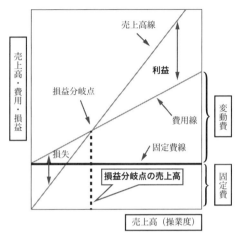

注：操業度は、売上高、生産数量、作業時間などの営業活動を表す

　損と益が同じになる売上点が、損益分岐点と呼ばれている（図 13-1 参照）。

　企業の活動の結果として、利益が生ずるか或いは損失が生ずるかは、売上高の大小に大きく左右されるが、その分かれ目が、損益分岐点である。

　この損益分岐点分析を行うには、費用を変動費と固定費との二つに分ける必要がある。固定費とは、生産高や売上高とは関係なく、毎期に一定ずつ発生する費用で、変動費は、生産高や売上高に比例して増減する費用である[20]。

酪農家の「損益分岐点の売上高」の計算事例[21]

　法人経営が比較的多い酪農家の事例で、損益分岐点を求めてみよう。表 13-7 はある酪農家の費用と売上単価の調査データで、表 13-8 は計算結果である。

表 13-7 事例 酪農家の調査データ

乳の売上高（単位：円）	固定費（単位：円）	変動費（単位：円）	売上乳量（単位：kg）
27,457,500	12,875,100	7,724,800	333,900

出所：筆者作成。

損益分岐点を求める算式 [22]

損益分岐点売上高を求めるため、最もよく知られているのは次の式である。

(1) 損益分岐点売上高 $= \dfrac{\text{固定費}}{1 - \dfrac{\text{変動費}}{\text{売上高}}}$

例1 17,915,400 円 $= \dfrac{12,875,100}{1 - \dfrac{7,724,800}{27,457,500}}$

(2) 変動費率 ＝ 変動費÷売上高

例2 28.1%　＝ 7,724,800÷27,457,500

(3) 限界利益 ＝ 売上高－変動費

例3 19,732,700 円 ＝ 27,457,500 － 7,724,800

(4) 限界利益率 ＝ （1－変動率）＝ 限界利益÷売上高

例4 71.9%　＝ （1- 0.28）＝ 19,732,700÷27,457,500

(5) 単位当たり乳の売上単価 ＝ 売上高 ÷ 売上乳量

例5 82.2 円　＝ 27,457,500 ÷ 333,900

(6) 単位当たり変動費 ＝ 変動費 ÷ 売上乳量

例6 23.1 円　＝ 7,724,800 ÷ 333,900

(7) 単位当たり限界利益 ＝ 単位当たり乳の売上単価 × 限界利益率

例7 59.1 円　＝ 82.2 × 0.719

(8) 所得率 ＝ （売上高－費用合計）÷ 売上高

例8 25.0%　＝ （27,457,500 －（7,724,800+12,875,100））÷ 27,457,500

表 13-8 損益分岐点の計算結果

乳量1kg 当たり (単位:円)			事例酪農家の分析値 (単位:円)		比率 (単位:%)		
乳の売上高	変動費	限界利益	損益分岐点	限界利益	限界利益率	所得率	変動費率
82.2	23.1	59.1	17,915,400	19,732,700	71.9	25	28.1

出所:筆者作成。

　この酪農家の損益分岐点は、17,915,400円売上げた時である。限界利益率は、71.9%であり、売上高を1単位追加するごとに売上高の71.9%が利益になる。つまり乳量を1kg増加させると59.1円の利益増加が見込める。

　ただし乳量を増加させるために、餌の給仕などの飼養管理を誤ると乳牛の事故や疾病につながることもある。財務諸表分析から経営者は、スケールメリットの誘惑に陥りやすいが、財務諸表分析と飼養管理技術の両面から経営を考えることが重要である[23]。

謝辞

　本章執筆に際し、明治大学商学部の神田良介准教授に多大なご協力を頂いた。ここに改めて御礼申し上げる次第である。

注

1) ドラッカー, P. F. 著、上田惇生 訳『マネジメント - 基本と原則 [エッセンシャル版]』ダイヤモンド社、2001年、15ページ。
2) ドラッカーは、多くの名言を残したが、江戸時代の近江商人も、三方よしの格言「売り手よし、買い手よし、世間よし」を商いの心得として成功した。"世間よし"とは、社会のためになる経営をすることである。
3) 金融庁・有価証券報告書等の開示書類を閲覧するサイト　2014年8月
　書類検索 http://disclosure.edinet-fsa.go.jp
4) 川田剛『会計と税務のズレ』千倉書房、2010年、86ページ。
5) 桜井久勝『財務会計講義〔第15版〕』中央経済社、2014年、49ページ。
6) 森田松太郎『経営分析入門』日本経済新聞社、2002年。408ページ。
7) 八田進二・橋本尚「第2章 国際会計基準の制定と適用」桜井久勝編著『国際会計基準〔第6版〕』白桃書房、2013年、14ページ。

8) 伊藤邦雄『新・現代会計入門』日本経済新聞出版社、2014年、12ページ。
9) 井原久光『テキスト経営学〔第3版〕』ミネルヴァ書房、2011年、289ページ。
10) 千代田邦夫『新版・会計学入門〔第3版〕』中央経済社、2014年、44ページ。
11) 田中義雄・山田不二雄「第1章 複式簿記の基本」、現代会計教育研究会編『現代簿記会計〔七訂版〕』多賀出版、2013年、21ページ。
12) 千代田邦夫、前掲書（註10）、77ページ。
13) 桜井久勝『財務諸表分析 第5版』中央経済社、2014年、56ページ。
14) 千代田邦夫、前掲書（註10）、105ページ。
15) 同上書、112ページ。
16) 桜井久勝、前掲書（註13）、146ページ
17) 井原久光、前掲書（註9）、294ページ。
18) 政岡光宏「第7章 支払い能力はどうか。長期投資は健全か」政岡光宏編著『初めて学ぶ財務諸表分析〔三訂版〕』同文館出版、2014年、75ページ。
19) 木村信男『現代農業のマネジメント』日本経済評論社、2008年、143ページ。
20) 桜井久勝、前掲書（註13）、224ページ。
21) 北海道農政部農業改良課監修『農業経営の管理』社団法人北海道農業改良普及協会編集・発行、（株）須田出版、1994年、124ページ。
22) 桜井通晴『原価計算』同文舘出版、2014年、343ページ。
23) 野菜類の損益分岐点を求めるには、課題が多いが、安原好一 2010 ちば丸・畑地でのマルチ栽培、12月収穫．農山漁村文化協会編者 最新農業技術 野菜Vol.3 285ページに第5表 ちば丸の収支試算（10a当たり）を基に試作することができる。

執筆者紹介（執筆順。なお＊は編者）

髙木直人* （たかぎ なおひと）：第1章・第5章執筆
　名古屋学院大学商学部 准教授・修士（経営学）
中垣昇 （なかがき のぼる）：第2章執筆
　名古屋経済大学大学院会計学研究科 教授・博士（商学）
伊部泰弘 （いべ やすひろ）：第3章執筆
　新潟経営大学経営情報学部 教授・博士（経営学）
杉浦礼子 （すぎうら れいこ）：第4章執筆
　高田短期大学キャリア育成学科 教授・博士（学術）
圓丸哲麻 （えんまる てつま）：第6章執筆
　麗澤大学経済学部 准教授・博士（商学）
片上　洋 （かたかみ ひろし）：第7章執筆
　新潟経営大学経営情報学部 教授・經營學博士（韓國 東亞大學校）
岡山武史 （おかやま たけし）：第8章執筆
　近畿大学経営学部 専任講師・博士（商学）
今光俊介* （いまみつ しゅんすけ）：第9章執筆
　鈴鹿大学国際人間科学部 准教授・経営学修士（MBA）
岡田一範 （おかだ かずのり）：第10章執筆
　高田短期大学キャリア育成学科 助教・修士（商学）
松井温文 （まつい あつふみ）：第11章執筆
　追手門学院大学経営学部 専任講師・修士（経営学）
成田景堯 （なりた ひろあき）：第11章執筆
　松山大学経営学部 専任講師・修士（商学）
久保隆光 （くぼ たかみつ）：第12章執筆
　明治大学商学部 助教・博士（商学）
安原好一 （やすはら こういち）：第13章執筆
　千葉県立農業大学校 研究科長・修士（商学）
苗苗 （みょうみょう）：第8章執筆
　立命館大学大学院博士後期課程

編著者紹介

今光俊介（いまみつ しゅんすけ）
　鈴鹿大学国際人間科学部 准教授
　最終学歴：ニュージャージー州立大学ラトガース経営大学院経営管理専攻修士課程
　MBA（経営管理修士）

髙木直人（たかぎ なおひと）
　名古屋学院大学商学部 准教授
　最終学歴：九州産業大学大学院経営学研究科博士後期課程

現代経営学講義

2015年8月31日　　第1刷発行

編著者：今光俊介・髙木直人
発行者：長谷 雅春
発行所：株式会社五絃舎
　　　　〒173-0025　東京都板橋区熊野町46-7-402
　　　　Tel & Fax：03-3957-5587
　　　　e-mail：h2-c-msa@db3.so-net.ne.jp
組　版：Office Five Strings
印　刷：モリモト印刷
ISBN978-4-86434-051-9
Printed in Japan　　ⓒ検印省略　2015